258人の学生とはじめた授業

武庫川女子大学経営学部、テイクオフ

武庫川女子大学経営学部 編

新評論

巻頭言

（武庫川女子大学経営学部長　福井誠）

大学教育は、コロナ禍と少子化の影響により、一〇〇年に一度の大きな転換点を迎えつつあります。本書は、武庫川女子大学経営学部で行われた「実践学習」の三年間を、運営側と学生側の一〇名が、それぞれの視点からまとめたものです。我が校の経験は、これからの大学教育の変化について、大きな「気付き」と「示唆」を与えてくれると確信しています。

まずは、この実践学習を構想したときのことから紹介したいと思います。

私が武庫川学院から新学部設置の相談を受けたのは、一九九七年一二月のことでした。その場で私が示したのは、「人生一〇〇年時代に対応できる、しなやかな女性の育成」と、オーソドックスな「経営学部」の設置という二つの方針でした。この提案から、武庫川女子大経営学部の設置計画ははじまったわけです。

福井誠経営学部長

この方針のなかにおいて本書に関係してくるのは「しなやかな女性」ですので、こちらについてだけ詳しく紹介したいと思います。

文部科学省に提出した学部設置認可申請書は、新しい学部の設計図と言えるものです。そのなかにおいて、学部が養成する人材像は「企業・団体との共同の実践によって、現実の社会的課題に直面し、それを自立的・主体的に解決できる力と周りの人たちとの良好な関係を築けるコミュニケーション力の両方を身につける」ことの必要性を指摘したうえで、定義されたのは以下のことです。

どのような時代にあっても、世界のどこにいても、何歳であっても、たとえ逆境にいたとしても、自らの暮らしをその環境に合わせて構築し、そのために必要となる知識や技能を獲得し、協力してくれる人との良好な関係を築ける能力と意欲を持ち続ける人材を「しなやかな女性」とする。

この定義は、計画当初から現在に至るまで学部の基本方針となっています。

このような提案を文部科学省との調整を重ねながら精緻な仕組みに組み上げてくれたのは、大学院生時代からの信頼できる後輩、現在経営学科長を務める西道実先生でした。

万全の準備を整えて経営学部は開設されたわけですが、ちょうど同じタイミングでコロナ禍がはじまりました。通常の講義ですら運営が困難なこの時期に、多くのプロジェクトを推進して実践学習を形にしてくれたのは、時任副手と、そのあとに着任されたお二人の教務助手でした。みなさんには、心より感謝を申し上げます。

とはいえ、実践学習を有意義な「学びの機会」に育ててくれたのは、何といっても学生たちです。コロナ禍という厳しい学生生活において、大きな不安を抱えながらも実践学習に全力で取り組んでくれた学生たち、本書に原稿を寄せてくれた七名だけでなく、経営学部のすべての学生がそれぞれ自分自身の物語を紡いでくれました。これら学生たちの奮闘を、本書を通してみなさんにぜひ知っていただきたいです。

まえがき

（武庫川女子大学経営学部経営学科長　西道実）

いきなりの羅列で恐縮ですが、「主体性」、「実行力」、「課題設定・解決力」、「協調性」、「社会性」などが、学生が社会人になるために求められている資質です。抽象度の高い言葉ですが、専門的には「非認知能力」と呼ばれているものです。筆記試験のような点数化が難しく、大学の専門科目でも教育が難しいとされている能力です。

とはいえ、学生にはこうした能力を身につけることが求められています。いわゆる「学力（ガクチカ）」と呼ばれるもので、学生時代に、どのような非認知能力をどのような経験で身につけたのかを語る必要があるわけです。本書で紹介する「実践学習」は、こうした非認知能力を育むために用意された学びの仕組みです。

この仕組みを設計する際に考えたことが三つあります。話は二〇年ほどさかのぼりますが、当時、私が所属していた大学では、「地球がキャンパス」というコンセプトで学生を「学外」のサービスラーニングに送り出していました。そこで重視されたのが「体験知」です。これは、学生が五感や感情を通して得た知識や理解のことで、講義を聴いたり、書籍や論文を読んだりして得られる知識や理解とは異なります。体験は、抽象的な概念と具体的な実例や感覚とを結び付けます。さらに、この「体験知」を教室で学ぶ知識と組み合わせることで、より深い理解が促せると考えていました。

実際、サービスラーニングで成長する学生を日々見ていて、私は二つの確信を得ました。学びの場は学内だけではないこと、「体験知」は強靭、つまり「しなやか」で「強い」ということです。

もう一つは、同時期から念頭にあったことですが、「協働」です。複数の人や組織が協力して働くということですが、私は、目標の共有やメンバーの相互作用や補完関係を重視して、「よいチーム」として働くことをイメージしていました。ただ、上述したサービスラーニングでは、個人の「体験知」を重視していたため、「協働」についてはまだ仕組みのなかに組み込めていませんでした。

そこで、「学外」、「体験知」、「協働」の三つを学びの仕組みにできれば、有効なカリキュラムになると考えました。

とくに、学生が社会のなかで地域文化や人の多様性を認識し、その認識のもと、他者と一緒に共通の目標をもって努力をする——これを学びの基本に据えれば、

西道実経営学科長

社会が学生に求める非認知能力を育てられると確信したわけです。

このようにイメージされた学びの仕組みを武庫川女子大学経営学部では「必修科目」としてカリキュラムに組み込みました。設置時点では、日本で唯一の仕組みだったと思います。

とはいえ、その実施には大きな課題がありました。学生と協働してくれる外部主体があるのかどうかという問題です。具体的には、学部と連携してくれる企業や自治体、そしてさまざまな組織・団体のことですが、これらとの連携協力がなければ「協働」は目指せません。

正直に言うと、構想段階から内心ではかなり危惧していました。でも、それは取り越し苦労だったようです。設立当初は連携をお願いするために走り回るという日々を過ごしましたが、「実践学

経営学部がある「公江記念館」。「日本建築学会作品選集2023」に採録された

習」という学びの仕組みを知ってもらえると、賛同してくれるところが細胞増殖のように増えていきました。つまり、我々が考え、目指していることが、地域社会に受け入れられたということです。ご協力いただいた各組織や団体の方々には、この場をお借りして御礼を申し上げます。ありがとうございました。

本書において報告される学生たちの活動を読まれて、みなさんがどのように感じられるのか、非常に興味深いところですが、創立八四年となる本学と地域社会との関係などに注目していただきながら、読み進めていただければ幸甚《こうじん》です。そして、日本全国の大学においても、このような学習のあり方が広まることを願っています。

もくじ

第2部　実践学習で学ぶ　73

258人の学生とはじめた授業——武庫川女子大学経営学部、テイクオフ!

第1部

実践学習とは何か

公江記念館（経営学部）の6～8階

第1章　実践学習を「創る」

――実践学習テイクオフ！

（時任啓佑）

舞台裏、お見せします

二〇二〇年四月、関西で「ムコジョ」と呼ばれる武庫川女子大学（兵庫県西宮市）に「経営学部」が誕生しました。ムコジョは、一二学部一九学科をもち、これまでの卒業生は二〇万人を超え、在学生一万人という日本最大規模の女子大学であり、関西での知名度は抜群です。経営学部の開設によって日本初の「女子大経営学部」となり、女子大経営学部ブームの先陣を切りました。それを象徴する科目として、ムコジョで「実践学習」（単に「実践」と呼ぶ場合もある）がスタートしました。

そのスタッフであり、現場責任者として私は、実践学習の立ち上げから現在に至るまで、日々携わっているわけです。

学部では、日頃からよく実践学習が話題に上りますし、オフィスである実践学習センターでは学生や教員が行き交っており、スタッフ間の協業を続けるなかで感じることがたくさんあります。ここでは、まず実践学習の概要を示しておきましょう。どのような「仕組み」になっているのか、どのような「特徴」があるのかについて解説していきます。次に、実践学習の立ち上げ前後のことを振り返ってみることにします。初めての試みですが、失敗が許されないし、コロナ禍でもありましたから、実践学習を離陸させるためにはかなり苦労をしました。

本書では、学生や教員も知らない「舞台裏」を見せたいと思います。

実践学習とは

実践学習の設計をひと言で言うと、大学側が働きかけたり、逆に大学に持ち込まれた課題や相談について、大学外の組織と経営学部が協議してプロジェクトをつくり、そこに学生が入って学ぶというものです。授業であるので担当教員が配置されますが、学生がともに活動するのは、主に学外組織の方々となります。この学外組織や学ぶ場のことを、「受け入れ先」、「活動先」、「実践先」などと呼んでいます（以下、実践先）。また、前述したように、プロジェクトのことを単に「実践」と呼ぶ場合もあります。

実践学習は必修科目ですので、学生にとっては進級や卒業にかかわりますから、言うまでもなく重要な授業となります。しかも、卒業までに「4単位」を取得しなければなりません。ほとんどの活動は、一つのプロジェクトで「1単位」（例外として、2単位のものもある）なので、在学中に少なくとも四つの活動に参加することになります（後述しますが、二〇二三年度からは変更点があります）。また、単位取得の上限が「9単位」となっているので、熱心な学生は、卒業までに数多くの活動に参画しています。

実践学習の募集期間は、春期、夏期、秋期、冬期と開講されており（一年生は夏期からの履修）、各期に合計数百人規模で募集しています。募集は、四月～七月の「春期」、七月～九月の「夏期」、九月～一二月の「秋期」、一月～三月の「冬期」と重複しているほか、プロジェクトの開始時期がまちまちなため、選択する学生もちょっと気を遣うことになります。また、スケジュールの都合さえつけば同時期に複数のプロジェクトに参加することもできます。

各期にそれぞれの実践先が決まるわけですが、活動内容は多岐にわたっています。タイプとしては、「フィールドワーク」（商店街調査などのリサーチ）、「サービスラーニング」（高齢者支援などのボランティア）、「インターンシップ」（商品企画などの就業体験）の三つが挙げられます。それぞれを簡単に説明しましょう。

フィールドワーク――社会科学の研究方法の一つとして発展してきたものです。実践学習では、企業、消費者、地域文化など、自分の興味や関心のあるテーマに即した現場に身を置き、観察や聞き取り、アンケート調査などを通してデータ収集を行います。

サービスラーニング――アメリカではじまった教育方法の一つです。実践学習では、社会人として、また市民として、地域におけるボランティア活動に参加します。協働を通じて新しい視点を得ると同時に、多様な課題解決を経験していきます。

インターンシップ――大学での教育と就業体験を結び付ける学習です。実践学習では、国内外の企業、官公庁、非営利組織などにおける就業体験を通じて実社会の課題を学ぶとともに、自分自身の適性や能力を理解していきます。

これら三つの要素ですが、プロジェクトごとに明確に分けられているわけではなく、ほとんどの場合、複合的な活動となっていきます。

まず、学生がエントリーシステムで志望理由などを記入して応募し、採用通知が届いたら、ホットライン（受け入れ先と学生のコミュニケーションツール）に参加します。初回の授業（ガイダンス）に参加したのち、活動計画書を提出します。実践学習がはじまり、活動が終わると、評価書類（活動記録表、評価シート）を整えて最終レポートとともに提出し、それに教員が成績をつけて単位を認定する、という形で進んでいきます（**図1**参照）。

図1　学生の実践学習実施フロー

情報収集・企画	学内ガイダンスに参加
	各プロジェクトの概要を確認し、参加したい活動を見定める
申請・承認	希望プロジェクトへエントリー
	採用通知・2次募集
事前準備	関係者ホットラインへ参加
	初回授業(オリエンテーション)やネットでの情報収集など
	計画書をmanabaへ提出
実践の開始と終了	活動開始・40時間以上の活動実施
	活動記録表の作成
	活動記録表の確認と評価シートの記入依頼
実践記録提出と活動報告	活動記録表・評価シートをmanabaへ提出
	最終レポート作成・manaba提出
	manabaで科目登録

このように書くと単純な仕組みに思えますが、休業期間を含めて年間を通じて運営されるほか、実践先がきわめて多数となります。また、一年生から四年生までが履修することから、膨大な事務手続きと多数の実践先の担当者、学生、教員とのやり取りが発生します。それを一手に担っているのが「実践学習センター」であり、私もその一員です。

どういう設計思想なのか

実践学習は、武庫川女子大学経営学部の開設にあたって構想されたものです。つまり、経営学部が開設された二〇二〇年四月からさかのぼること約二年間が「開設準備期間」となり、そのときに練り上げられました。

学部開設の実務を担った中心人物は、現学部長の福井誠先生と現学科長の西道実先生です（「巻頭言」と「まえがき」を参照）。お二人には、他大学に勤務して培った豊富な経験から、学部開設にあたって、ある程度の目論見とアイデアがありました。

福井先生は、流通科学大学時代の経験から、経営学部のカリキュラムの基本設計を三つの分野の混合で構成しようとしていました。経営学を幅広く学んでもらいたい、また多面的な視点を養ってもらいたいという願いで設定した学びの分野と言ってもいいでしょう。これが、経営学部の紹介でよく引用されている、「ビジネス・デザイン」、「グローバル・マネジメント」、「パブリック・マネジメント」と呼ばれる三つのスタディーズとなっています。

大学のパンフレット風に言うと、「ビジネス・デザイン・スタディーズ」で学ぶのは経営学の中核的なカリキュラムの科目になります。経営学、マーケティング、財務会計、消費者行動や広告宣伝、企業論など、ビジネスの現場を想定しています。一方、「グローバル・マネジメント・スタディーズ」では、武庫川女子大学アメリカ分校に留学することが想定されているため、英語力を磨いたうえ、分校の近隣にあるゴンザガ大学（ワシントン州）の教授から経営学を英語で学ぶことになります。つまり、英語で経営学を学ぶ力を養成するということです。

そして、「パブリック・マネジメント・スタディーズ」では、地方自治体やＮＰＯと連携した演習をベースにして、社会課題の解決に取り組むことを想定した科目となっています。公務員や地域の担い手に必要な素質の育成を念頭に置いています。

これらは、一般的な経営分野に、グローバルとローカルを重ねたいわゆる「グローカル」な視点となるもので、特段珍しいものではないでしょう。ただし、コースを設置するわけではなく、主な軸足の置き場所という意味で「スタディーズ」と呼んでいます。

福井先生が狙っていたのは、これら三つの構成自体ではなく、これからの女子大生は、重なり合う学びから得られる専門性で未来に立ち向かえ、ということでした。

たとえば、武庫川女子大学では、「一生を描ききる女性力を」というコピーを大々的に広報しています。現在、女性の多くには職業生活と家庭生活の間に起伏があり、キャリアコースの中断があったり、ライフコースの変更があったりします。その際には、一本調子な生き方ではなく、都度に態勢を変えたり、学び直したり、切り開いていく力が欲しいものです。そこでは、強行突破というより、自分の生き方に応じて変幻自在に自らの道を描ける女性になって欲しいという思いがあります。そのためにはどういう選択肢があるのか、という点について知ろうとする姿勢が必要になってきます。

また、柔軟な対応力だけでなく、人を巻き込んでいく力を重視しています。そして、巻き込むのなら巻き込まれる力も必要だ、と位置づけたわけです。これは、看護や教育をはじめとした資格職と結び付く、明確な職業生活が想定されている学部が多い武庫川女子大学においては目新しい考え方だと言えます。

ところで、入学してくる学生が高校生のときには、経営学やマーケティングなどについて学ぶ機会はほとんどなかったでしょう。そのような学生に、いきなり講義のみに集中させるというのには無理があります。学部の学びに関係しそうで、自ら興味がもてる実践の場に飛び込んで欲しいという思いが「実践学習」にはあるわけです。

自分なりに参加してみた場で得られたアイデアや疑問をもって経営学を学ぶ——そう考えた福井先生は、その環境として「実践学習」を考えていました。ですから、「実践学習」は一年生から履修できる科目としたわけです。私が調べたところ、本学の「実践学習」と同等レベルの授業を一年生から必修科目としている大学はほとんどありませんので、この点は「大きな特徴である」と思っています。

一方、西道先生は、少し違うアプローチをしていた、と聞きました。関西国際大学、プール学院大学、奈良大学という勤務経験があるわけですが、プール学院大学に在籍していた二〇一〇年に、実践学習に類似した要素が多いプロトタイプをつくっていた、と言います。簡単に述べると、「課題解決志向」、「地域連携志向」、「学生主体志向」のあるゼミ形式の授業をカリキュラムの中心に据えようとしていました（プール学院大学は、二〇一八年四月に「桃山学院教育大学」へと名称変更しています）。

それから八年が経過し、プール学院大学でのいわば試作品を仕上げて、武庫川女子大学に据えつけたのが「実践学習」というわけです。つまり、学生たちに社会の実情や仕組みを理解させるとともに、さまざまな問題に対する課題解決力と実践力を養成しようという意図を含んでいます。

こうして経営学部開設の申請を行う過程において、実はいろいろと名称は変わりましたが、最終的に、現在の「実践学習」として完成したわけです。ですから私は、「実践学習」の設計においては、二人の先生の思惑や執念が交わった化合物がその根底にあると思っております。すべての実践は、学生が主体的に取り組みたくなるような広がりのある課題となっており、地域とかかわったり、企業のメンバーになったりと、巻き込み、巻き込まれるという体験を通して学べる内容となっています。

コロナ禍において、いよいよスタート

二〇二〇年四月に誕生した経営学部において私は、さっそく「実践学習」に全力で取り組むことにしました。ところが、その前年から新型コロナ期に入ったことで、手かせ足かせのある環境でのスタートになってしまいました。さまざまな現場に出向き、さまざまな立場の人と出会った

わけですが、「積極的な活動」が売り物の「実践学習」にとって、自由な行動が制限されるというのは致命的な問題となりました。

そもそも登学が制限され、最初の半年は学生に直接会えないという状態でした。それでも実践先を開拓していくのです。学生の顔も分からないなかで、いったい誰のためにやっているのか、その実感を味わうことができません。企業も行政組織も、従業員の出勤を制限しているという状況があり、「協力したい気持ちはあるが、社員も来られない状況でどうやって学生を預かればよいのか……」と言われることが多々ありました。それでも、必修科目のために開始しなければなりません。

当初は、学生を受け入れてくれる実践先を探していたのですが、あるとき、「やりたい活動があるが、自分たちだけではできないため、学生に協力してもらいたい」という要請が届きました。これを好機と捉えて、その課題を解決するなかで学生の学びがあるようにプログラム化するというように発想を切り替えました。つまり、「プッシュ」だったものを「プル」に変えたわけです。それ以降、実践先と話をする際には、こちらの話をして依頼するよりも、「どのようなことをしていて、何に困っているのか」と尋ねるようなコミュニケーションの仕方に変えていきました。

不思議なものです。実践先に依頼するというスタイルをやめると、かえって実践先が多く見つかるようになりました。おかげさまで何とか開始となり、初年度の夏期休暇から「実践学習」をはじめています。船出した「一四の実践学習」すべてに強い思い入れがあります。

　なかでも印象深いものは、「新型コロナウイルスで落ち込む西宮の経済を元気にするプロジェクト」です。実践先は西宮商工会議所と西宮市で、学生が市内の飲食店を回り、店内のコロナ対策についてのインタビュー調査を行ったあと、西宮市が発行する感染症対策の認証ステッカー（アマビエステッカー）を配布するという活動です。

　このときの調査でも、集計分析したうえで発表会を開催して結果報告を行っていますが、行動制限があるという状態ですから、学生からの参加希望があるのかと当初は不安でしたが、定員の三倍以上のエントリーがありました。「こんなときだからこそ街に貢献したい」という学生がたくさん集まってくれました。

　また、「変えます！にしのみや。市への提言二〇二〇～西宮市の事業系一般廃棄物の減量を目指して」という実践も敢行しています。実践先は、二〇二八年度までに廃棄物を二〇パーセント減量するという目標がある西宮市でした。言うまでもなく、活動制限がありましたが、石井登志《とし》郎《ろう》市長への最終プレゼンまでやり遂げることができました（二六ページ参照）。

　これらのほかにも、企業をはじめとした学外組織と連携して、活動方法を工夫しながら実践学習を軌道に乗せています。それらが完遂できたのは、経営学部の開設前から大学と関連のある組織が好意的に連携してくれたからです。

「実践学習」は、年間を通じて継続的に運用していく必要があります。ですから、コロナ禍においても手をこまねいていたわけではなく、福井先生と私はタッグを組んで、次々と実践先を開拓していきました。このような「関係性づくり」を得意としている福井先生がパートナーですから安心です。私のほうも、これまでのキャリアを活かして実践先を広げていきました。どうして私にそれができたかという話もしましょう。

コワーキングスペースでの経験

福井先生は、実は私の恩師なのです。流通科学大学に在学中、マーケティングを勉強しながら新聞部に所属していた私は、その後、文化会の会長も引き受けて学内での課外活動に熱中し、毎日、大学に入り浸っていました。また、「実践学習」という名前ではありませんでしたが、福井先生のもとで、企業や行政の方と学生が授業とは別にさまざまなプロジェクトを行っていましたので、私はそれにも参加していました。

たとえば、二〇一一年三月一一日に発生した東日本大震災のときには、仲間と一緒に現地に入って、ラジオ局の「FMみなさん」の立ち上げにおけるサポートなども実施しました。この局は、のちにドキュメンタリー映画『ガレキとラジオ』（塚原一成、梅村太郎監督、二〇一三年）」の制作舞台ともなっています。

いわば、かつて「実践学習」に参加していた学生が、今は「実践学習」を運営する側に回っているということです。

クラブやプロジェクト活動が楽しく、それでいて社会に出て働くというイメージがもてなかった私は、就職活動では出遅れていました。そんな私に、福井先生が救いの手を差し伸べてくれたのです。紹介された企業「ワークアカデミー」へ就職し、大学の教育支援を行う事業部で、「大学営業」に関する仕事を四年ほど続けました。

そして、コワーキングスペース[1]を運営するベンチャー企業「まなれぼ」に転職したわけですが、二〇一五年の大阪では、その存在や概念が認知されておらず、事業は早々に行き詰まりました。そこで、日本初のコワーキングスペース「カフーツ」を神戸市に創設した伊藤富雄さんに会って教えを請いました。

伊藤さんからは、「人が集まるきっかけと接点をつくれ」と助言されました。小さくてもよいのでイベントや講座などを繰り返し行い、そこに来た人とともに次の企画をつくっていく、それを繰り返せば訪れる人や場の関係者が増えていく、ということでした。

セミナーもコワーキングも、主催者や講師といかに魅力的な企画をつくり、参加者とどのようにマッチングさせるのかという高度なノウハウが要求されます。最終的には、数多くの関係者とともに、年間で一〇〇〇回以上の企画を行う場に発展していきました。

そのころに福井先生と再会し、ムコジョに新しい学部がつくられることを知り、武庫川女子大学へ転職したという次第です。

「実践学習」に関与してみると、実践先を探し、プログラムをつくり、関係者をマッチングしていくノウハウは、これまでの仕事で培ってきたことと共通点が多いと分かりました。大きく貢献できることに喜びを感じ、私は「実践学習」にのめり込んでいきました。

実践先の見極めとプログラム化は至難

実践先を探すのも難しいですが、立ち上げときにはそれ以上の労力が求められました。

実践先は、「こちらから探す場合」、「実践先から提案される場合」、「誰かが介在して紹介される場合」などとさまざまです。それぞれのケースを考えて話をまとめていく必要があります。また、「不適切」と思われる候補先は除外しなければなりませんし、「適切」な場合でも、学習分野としてどうなのか、学習時間は十分にとれるのか、簡単すぎたり、高難易度すぎないか、高い教育効果が期待できるのか、などを考慮して取捨選択する必要があります。それらをこなしながら、

（1）年齢や性別など関係なく、異なる職業や仕事を持った利用者たちが同じ場所で机や椅子、ネットワーク設備などをシェアしながら、仕事や活動をする場所のことです。

実践学習に参加できる学生数に応じて、参加可能な枠をコントロールしていくわけです。

このようなプロセスでは、すべての候補先が出そろってから「まとめ」に入るというのが理想となりますが、現実には、先方の事情に合わせて同時並行で調整を進めていくことになります。実践先の選定は、机上に提案を並べて済ませるといったことは絶対にないのです。とはいえ、同時並行で数多くの調整を進めているため、極力対面での打ち合わせや現地視察を行いつつ、オンラインでのミーティングも駆使して、コミュニケーションを密に進めます。双方の考え方に食い違いがあれば擦り合わせを行いますが、その際、こちらからも遠慮なく提案しています。

また、現在は、実践先の情報や行いたいプログラムの概要、そして抱えている課題などを「実践学習エントリーシステム」に入力してもらうという仕組みを取っています。当初は、ヒアリングしながらこちらでプログラムをつくることもありましたが、いざはじまってみると、認識のズレなどが発生したため、学生とかかわってくださる当事者に、何をどのように進めていくのかと考えてもらうことにしたわけです。とはいえ、そのようなプログラム設計の経験がないという人が大半なので、キャッチボールをしながら一緒に整えていきます。

想像していただけると思いますが、本来、最終的にバランスのよい実践先のラインナップをそろえるというのは至難の業です。正直、「もっとじっくりやれたら」とため息が出るときもあります。しかし、年四回、期ごとの「実践先のラインナップ」をつくらなければ「実践学習」は成立しません。毎期、大きなプレッシャーに見舞われます。時期によって労働時間が長くなりますし、実際、体調を崩してしばらく休み、ほかのスタッフに助けてもらったということもあります。

私は、「実践学習」の屋台骨は「人」だと考えています。明確な課題意識があり、それに対して学生と学び合う姿勢のある実践先の人とプロジェクトをつくっていき、それを学生にできるだけ伝わりやすくプログラム化していきます。

インターンシップを行う企業のなかには、単に労働力が欲しいと思っている人もいます。だから、事前の擦り合わせにおいて、実践先が本当の課題を示してくれているのか、そして、それを学習のテーマに据えてくれるのかについて対話で見極めていく必要があります。

その次は、「実践学習エントリーシステム」を通

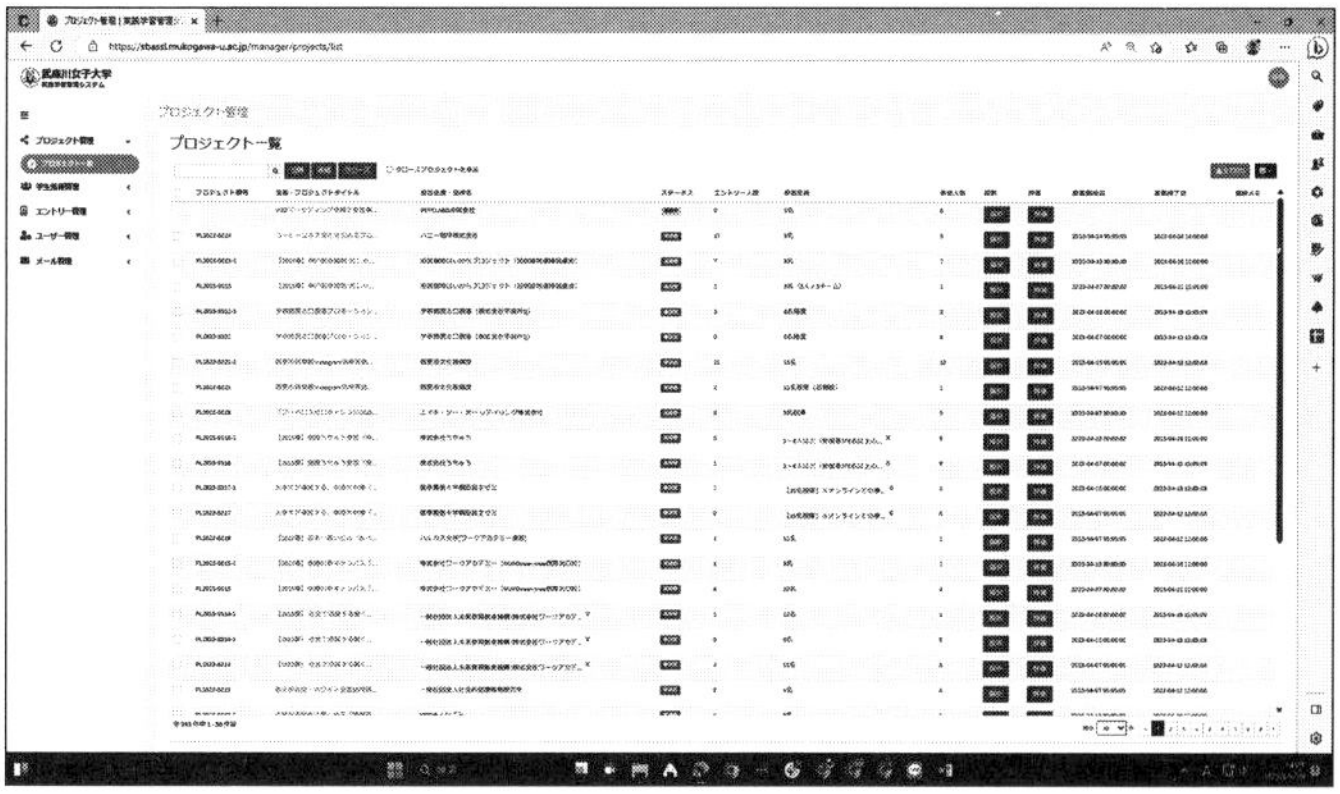

実践学習エントリーシステムの2023年度春期のプロジェクト一覧画面。学生・実践先・実践学習センターをつなげるシステムとなっている

じて、「その想いにこたえたい・その現場でどうしても学びたい」という学生とのマッチングとなります。学生側は、このシステムでプロジェクトの全容を把握し、なぜ参加したいのか、どのようなことを勉強したいのかなど、一〇項目以上の志望理由を書いてエントリーします。

希望数が多くなる場合は、実践先に参加者を決定してもらったり、Zoomで面接をしてもらうといった場合もあります。とりわけ、実践先の普段の活動に学生が混じるような場合には、少数精鋭で、やる気のある学生でないとうまくいきません。申し込みがあっても、双方が「ピン」とこない場合は、プロジェクトを実施しないという判断をすることもあります。

実践先と学生、双方がマッチすると自ずとよい活動になります。実践学習に近い産学連携のプロジェクトはほかでもよく見かけますが、機械的に抽選で参加が決まるというケースが多いと聞きます。学外の人から、「そのようなやり方だと問題がある」とうかがったこともあり、前述のようなプロセスに落ち着きました。このような流れを経て、やっと一つの期の「実践学習」がスタートしていくわけです。

「実践学習」の立ち上げ時には、実践先の選定と確保だけでなく、擦り合わせを行い、教員との打ち合わせ、開始後の見守り、実践活動後の手続きから単位認定までを一手に引き受けていた私ですが、その後スタッフが増えて、役割分担ができるようになりましたし、運営を繰り返すうちにノウハウが蓄積されていきました。現在、何とかこなしておりますが、ここに書かせていただいた「重労働ぶり」、分かっていただけるでしょうか。

最後まで続く実践先への対応

実践先が決まれば実際に学生が活動に入るわけですから、私たちの役目はいったん区切りを迎えます。だからといって、実践先への対応はそれで「おしまい」とはなりません。「実践学習」が滞りなく進んでいるのかを見定めるために、「伴走」も行っています。

実践活動は四〇時間程度の学習となり、その多くを実践先と学生に委ねることになります。正解のない問いに向き合うテーマも多いため、必然的に変動性が高く、何かのきっかけでプログラムが当初の内容と変わったり、膨らんだりするという可能性もあります。

もっとも、座学の授業のように、毎週同じ時間に同じ場所で一五回に分けて話を聞き、学ぶという形式ではありません。商品開発や調査・イベント企画など、バラバラの内容に取り組んでいくことになります。もちろん、募集時にスケジュールを立てていますが、完璧な予定を立てて進めるというのは困難ですから、実践先と学生で合意を取りつつ、臨機応変にプロセス変更があっても問題はありません。

ただし、設定されているゴールが変わってしまうと学生が困惑してしまいます。また、プロジェクト自体が破綻しかねないため、大きな路線変更がないか、また修正・変更する場合はどうするとより良い活動になるかなどを考えて「伴走」を行っています。

「実践学習」を実施した、当初の失敗談を紹介しましょう。

　商業施設の中でコミュニティ形成のためのイベントづくりをするという団体が実践先になったプログラムがありました。しかし、途中で数人の学生が辞退を申し出てきたのです。実践先が「学生主体にする」ことを重視したため、「放任すぎる」という学生の不満につながってしまったのです。学びを最大化するという実践先の工夫でしたが、学生との認識のズレが生じてしまいました。当初は、プログラムの内容や進め方などの明確化、また事前の擦り合わせが確立されていなかったために発生したトラブルであったと考えています。

　もう一つの例は、プログラミング制作系のベンチャー企業が、学生と一緒に子ども向けのゲームをつくるという活動でした。制作技術は卓越していましたが、学生にかかわらせながらゲームをつくるということには不慣れでした。技術的なノウハウはあっても、教育面におけるノウハウがあまりなかったのです。そのことが、開始時点では私に見えていませんでした。どのような結末になったのか、想像してください。

　何をどこまで擦り合わせてマッチングさせるか、経験を積んでいくなかでトラブルとなるケースは減少しましたが、結局は人と人が進める学習です。齟齬が生じる可能性が残ることを常に心に刻んでおくようになりました。だからこそ、実践活動がはじまったあとも、よく観察するようになりました。

たとえば、担当者とは機会を見つけて、できるかぎりやり取りを行い、感触や感想などを尋ねています。このような意見交換から、実際に進行している様子が分かります。また、「実践学習センター」には常に学生の往来がありますので、学生たちからも話を聞くようにしています。

さらに言えば、中間発表とか商品試作会といった節目にあたる活動のときには、可能なかぎりスタッフが出掛けて、参加しています。その実践がどのように進行しているのか、学生たちが違和感なく活動をしているのかが一目瞭然となるからです。

実践先とやり取りを続けていることには、中長期的な目論見もあります。「実践学習」を注視していると、「これはよい！」と直感するときがあります。そうなると、「今回だけでこの実践はおしまい」というのは非常にもったいない話となります。できれば、角度を変えるとか、もう少し掘り下げるとか、次の機会もお願いできないか、と考えます。そのためにも、実践先にとってもよい活動になっているのかどうかの見極めと提案が欠かせません。

実践先の人にとっても、学生や教員にとっても、そして学部にとってもよいプロジェクト構成になるように今後も奔走していきたいと思っております。

思い出深い実践学習

あくまで主観的な話ですが、思い出深い「実践学習」をいくつか取り上げて振り返ってみることにします。

第一は、「実践学習」として最初に実施した活動が思い出されます。それは、兵庫経営者協会が実践先となった「ひょうごアンバサダーインターンシップ」のプロジェクトです。本書において松野さんが書いている「六甲ミーツ・アート芸術散歩」（一一四ページ参照）が最初の実践だと誤解している人がいますが、実は「ひょうごアンバサダー」で学生を送り出したというのが第一号なのです。

このプログラムは、「ホンダカーズ兵庫」、「金井ホールディングス」、「ダイネンヒューマンplus」（就職サイトはりまっち）といった地元企業において学生がインターンシップ体験を行うという、オーソドックスな内容のものでした。

ただし、この実践では、今後の「実践学習」の試運転を兼ねていました。福井先生と西道先生が、「実践学習のための実践だよ。やってみるといろいろなことが分かるよ」と言われたことをはっきりと記憶しています。その結果、両先生が言われるとおり、「実践学習」の道を開き、参考材料をたくさん得ることができました。

第二として、「六甲ミーツ・アート芸術散歩」を挙げておきましょう。この実践活動で印象に残っているのは、学生たちが六甲山上において「ミーツ・アート」の参加客にインタビュー調査を実施したことです。西道先生からリサーチの指導を受けた学生たちが、次々にインタビューをしていくという姿がありました。

手分けをして一〇〇人に実施するという計画でしたが、学生たちにとってはもちろん生まれて初めての体験です。正直なところ、ちょっと難しいのかな、と思っていました。ところが、学生たちは短時間の間に、本当に一〇〇人以上のインタビュー調査をやり遂げてしまったのです。それを見たときには本当にうれしかったです。

高めのハードルを乗り越えられる経営学部生のポテンシャルに感心して、さらなる期待を寄せることができました。また、リサーチがうまくいくと全体の活動が充実して、円滑に進むことも実感しました。行く先に確かな手ごたえを感じるという「実践学習」でした。

なお、この「実践学習」は現在も続いております。六甲山は、阪神間における象徴であるだけでなく、本学の「実践学習」においても「象徴」となっています。

「六甲ミーツ・アート芸術散歩」2023年

第三は、先にも紹介した、西宮市の「変えます！にしのみや。市への提言二〇二〇～西宮市の事業系一般廃棄物の減量を目指して」のプロジェクトです。この実践では、学生たちがゴミの内容分類や処理について学びながら、ゴミ問題はどのようにすれば解決できるのかを検討したわけですが、市内の事業者などに対しても立ち入り検査を実施しました。

この活動は、ある意味では「実践学習」における「ありきたりな先入観」を覆すことに成功したと思っています。

コロナ禍、エッセンシャルワーカーが働いている現場でよく見かけたビニールコートを学生たちが身にまとい、ゴミにまみれながら活動を行ったのです。地域版の新聞記事や電車の中刷り広告などでよく見かける、企業とコラボして笑顔を振りまくという女子大生の姿とは、おおよそかけ離れたものです。「武

「変えます！にしのみや。市への提言2020」のプロジェクト（2020年度秋期）。ごみの山と女子大生

庫川女子大学経営学部の『実践学習』はちょっと違うぞ」ということを、これほど物語る実践はないでしょう。

第四は、本書の第2部第1章で玉垣紅莉《あかり》さんが紹介している活動となりますが、「音羽ＤＥＬＩへのメニュー提案」という実践です（七四ページ参照）。

キックオフのときから雰囲気がよく、その直後、マイクロバスで店舗へ移動して店内や商品の見学をしました。驚くほど、学生たちが終始楽しそうなのです。店舗調査と阪急甲陽線の「苦楽園口」の駅前調査という二つのリサーチを同時にこなすという難関も学生は何とかこなして、メニュー提案まで進みました。その甲斐あって、実践先が学生たちの提案をほとんど受け入れてくれました。

実は、実践先が学生たちの提案にことごとく「ダメ出し」をするといった場合もあります。学生たちが実社会の厳しさを知るという機会になるわけですが、だんだんやる気が萎んでしまうというのも事実です。

音羽ＤＥＬＩの実践では、その勢いのまま、メニュー試作・試食会や学内販売にまで進み、非常に充実した活動となりました。すべてがうまくつながったようで、教育効果や満足度が高く、一番よい形となり、「実践学習」の一つのモデルを見たような気がしました。

「実践学習」で何が見えてくるのか

二〇二三年三月中旬、「実践学習センター」より経営学部の全学生に向けて、Slack（ビジネスコミュニケーションのアプリ）を使って、二〇二三年度前期に展開されるすべての実践学習のプログラム内容と、一次、二次の二回にわたる応募方法とスケジュール、そして採用決定に至る手続きなどについて配信しました。二〇二三年度も、周到に実践先との調整を重ねた結果、二四件の実践学習が決まり、約二〇〇人の参加となりました。桜吹雪のなか、学生たちは清々しい気持ちで「実践学習」をはじめました。

「実践学習」の裏側を含めて、内容や実情について語ってきました。学内の活動にとどまらず、学外へ飛び出し、学生でありながら社会人たちとの接触が多い「実践学習」において、学生たちはさまざまな体験から多くのことを吸収していると思います。

学生たちは就職対策のために「実践学習」に参加しているわけではありませんが、実際には就活を意識していたり、就活の際には「実践学習」を題材にしていることもあるでしょう。いわゆる「学力（ガクチカ）」（学生時代に力を入れたこと）として活用しやすいですし、学生生活の成果指標としては非常に分かりやすい活動であると思います。そういった意味で、武庫川女子大学経営学部の初めての卒業生たちが、「実践学習」で学んだことを糧に、社会へ大きく羽ばたいていってくれればと願っています。

一方、多様な経験をしているからこそ、すべてが「腹落ち」するタイミングは、必ずしも在学中とはかぎらないとも思っています。卒業後、さらにさまざまな経験をするなかで、初めて消化できることもあるでしょう。自分自身を振り返っても、大学時代に行ったさまざまな活動で得た経験が、違う立場になってやっと理解でき、大きな成長につながったということがあります。就職は、人生におけるゴールではなく、「スタート」です。のちに生かされる「学びの種」をたくさん残して欲しいとも思っています。

卒業後も成長を続け、社会で活躍するようになった卒業生が、今度は社会人側として課題やテーマを持って大学に帰ってきて、後輩とともに「実践学習」のプロジェクトを通じて学び合う。このような「学びの連鎖」ができてくれれば、本当にうれしいと考えています。

第2章

「実践学習」を回せ

（寺田玲奈）

「実践学習」は回る

関西大学社会学部を卒業したあと私は、「清酒白雪」で有名な清酒メーカーの「小西酒造」（兵庫県伊丹市東有岡二丁目一三）に就職したのですが、ちょうどそのとき、地ビール事業部が立ち上がりました。就職後、「長寿蔵」（伊丹市中央三丁目四－一五）というアンテナショップで、地ビールや清酒、そしてお酒に関する食品を販売していました。

人と人とのコミュニケーションの潤滑油でもあるお酒が大好き、それが志望理由でしたが、出社後、朝から試飲するという仕事もありました。といっても、私は職人や技術者ではありませんので、出来映えを確かめるための試飲ではありません。どのようなイメージのお酒や、ゼリーやシャーベットなどといった関連商品にするのか、また、それらはどのようなパッケージにすればいいのかというマーケティングを目的とした試飲です。要するに、地ビールを食事に合わせたり、女性客への販売促進のためです。実際、女性に手に取ってもらえるようなデザインのラベルを私はつくっていました。

結婚退職とはなりませんでしたが、出産で退職しました。出産は個人的な事情なのでしょう、当時、多くの会社では出産後には勤められないという雰囲気がありました。その後、三人の子育てのかたわら、パートタイマーとして働いたあとに、武庫川女子大学経営学部に転職したわけです。二〇二一年のことです。

最初は実践学習以外の事務をしていましたが、やがて実践学習にもかかわるようになり、その比重がどんどん増えていきました。とはいえ、当初、実践学習というものがどういう目的でどのように運営されてきたのかまったく知りませんでした。でも、「学部にとっては大切な科目である」と聞いて、必死で理解しようと苦労していたことを思い出します。

最初に分かったのは、実践先を決めるところからはじまって、学生を募集して参加させ、一定期間後に活動が終了すると、活動記録や最終レポートなどの提出となり、評価に至るというサイクルになっていることでした。しかも、実践学習は一年間に数回実施されますから、曲芸の「皿回し」のように回り続けていることになります。それを止まらないよう回すことが私たちの仕事になっています。

第1章では、実践学習の概要説明と実践先に関する苦労話が描かれていましたので、ここでは、運営のための手続きに関して少し詳しく紹介しながら、学生に関係する話をします。

主導権は「実践学習センター」

実践学習の仕組みは第1章で理解されたと思いますが、一つ重要なことを指摘しておきます。実践学習は授業であるわけですが、主導しているのは教員ではなく「実践学習センター」です。

実践学習には担当教員がいて、実際に教員が指導に入る局面があるわけですが、設計上はあくまでも、「実践学習センター」がそろえたメニューを学生が選び、自主性をもって取り組む学習となっています。設置する際には、「実践学習センター」と学生との関係だけで、むしろ教員は不要ではないかという議論すら交わされていた、と聞いています。

しかし、専門教育への橋渡しを考えると教員は必要ですし、フィールドワークにおいてはリサ

実践学習センタースタッフの3人。右が時任啓佑（第1章筆者）、左手前が寺田玲奈（筆者）、奥が山本雅野（第3章執筆）

ーチが必要となりますので、自己流で学生にリサーチさせるわけにはいきません（もちろん、教員のすべてがリサーチを得意とするわけではありませんが）。それらをふまえ、最終的には、必要なときに必要なだけ「教員の指導を入れる」ということで落ち着いています。したがって、実際には、実践の規模とか内容によって、教員のかかわり方がそれぞれ異なっているということになります。

つまり、全体では「実践学習センター」が主導権をもっているわけですが、プロジェクト単位では、実践先ではなく教員に関与してもらわないと運営できないといった内容もありますし、その逆もあります。ですから、プロジェクト単位でハンドリングしていて、その企画調整役としての主体が「実践学習センター」にあると言ったほうが正しいでしょう。

この点も、実践学習がほかの大学から注目されているところとなります。類似の内容に取り組んでいたとしても、実態としてはゼミ単位であり、教員が引き受けて運営している場合が多いからです。

スタンバイ完了

学生側から見たプロセスに沿って、実践学習の日常を描写していきましょう。

学生が実践学習を選択して履修しようとするなら、当然、そこには実践先とプロジェクトがないと成立しません。学生が実践学習の選択を検討する際には、その期の実践先と担当教員が決定し、リスト化されていることになります。また、そもそも学生たちが実践学習の履修方法について理解している必要があります。

武庫川女子大学経営学部では、Gmailをはじめ、フォーム、ドライブ、クラスルームなどグーグル系アプリと、Slackを活用しています。入学時から指導しているため、学生たちはこれらのコミュニケーションツールを使いこなしています。それをふまえて、実践学習センターから学生たちへは、その都度、実践学習の履修方法や注意点などの情報と、その期のプログラム一覧や応募の際に使用する「実践学習エントリーシステム」（一九ページ参照）の情報を流しています。

ただし、実践学習に関する履修方法や注意点などといった手続きに関する情報はマニュアルや「Q&A集」としてまとめ、常時wiki（＝web）において閲覧できるようにしています。一回でも実践学習を履修すれば手続きについてはマスターできますので、マニュアル類は初めて参加する学生向けということになります。

実践学習プログラムの一覧にはすべての実践学習が網羅されており、その概要、実践先、募集人数、担当教員などが記載されています。学生は、そこから一つもしくは二つ以上のプロジェクトを選択して、「エントリーシステム」に入力して応募したあと、選考結果を待つことになります。

学生のエントリーが完了すると、「実践学習センター」は調整に入ります。志望理由をまず考慮し、プログラム内容によって、あるいは実践先の意向によって参加人数の上限がありますから、希望者全員が参加できるとはかぎりません。そのような場合は、第二希望があればそちらを優先させたり、定員に達していない別のプロジェクトをすすめたりして、できるかぎり多くの学生が参加できるように調整をしています。

逆に、当初想定していた参加人数に満たないという場合もありますが、その場合、実践先の担当者と相談し、実施するかどうかを決定します。あまり少ない人数では成立しないとか、たった一人で参加させるのは……という場合には中止することもあります。決められたとおり無理に進めるのではなく、柔軟に調整していくことがより良いプロジェクトにするために重要であると考えています。

実践学習の参加が決定すると、学生たちは「実践活動計画書」の作成に着手します。実践学習の内容を勘案して、どのようなことを学びたいのか、どのようなことを達成したいのか、どのように成長したいのかなど、学生自身が具体的な目標を設定して記入するというもので、煩雑なものではありません。

学生たちを見守る、これが大切

いよいよ実践学習がスタートします。まず、「キックオフ」と呼ばれる説明会を行います。このキックオフですが、いきなり実践先で行う場合もありますが、多くは大学で行われています。どちらであっても、「実践学習センター」のスタッフが出席しています。

いざ、活動が開始されると、実践先の方々や学生たちの様子が知りたくなります。とりわけ、学生たちが最初の段階でどのような状況になっているのかを確かめています。何事においてもそうですが、最初が肝心です。学生たちの表情を観察して、何か不安や心配事がありそうな様子をしていると対処が必要になります。ですから、キックオフが終わると声をかけるようにしています。

また、キックオフでは、実践先や学生に断ったうえ、その風景の写真撮影を行っています。これも非常に大切なことで、写真を撮られることで公式行事のような感覚になりますので、学生たちのマインドセットの向上に役立つと思っています。

また、キックオフの写真は私たちスタッフが撮影しておかないと、当事者の手元に残ることがありません。あとで振り返ったり、各種書類などで使用する場合がありますので、遠慮なく少し多めに撮影しておき、事後に学生たちと共有しています。もし、スタッフが参加できない場合には、担当教員にお願いすることもあります。

プロジェクト開始時点まではコミュニケーションツールでの付き合いであるため、学生たちとはまだ顔の見えない関係ですが、キックオフのときに「実践学習センター」のスタッフと顔を合わせることになります。一度では覚えられなくても、姿を見せておくことはのちのやり取りおいて必要となります。なぜかというと、実践活動においては、実践先や教員に「お任せ」という状態ではすまない場合があるからです。

実践活動中には、さまざまなアクシデントが発生します。学生側の問題として典型的なことは、実践活動への出席が滞ることです。実践先からすれば、欠席がちとなっている学生を心配しますし、それが活動の妨げになれば困惑するでしょう。また、チームワークが求められる実践学習であれば、ほかの学生たちが迷惑することになります。絶対に放置できない問題なので、学生に連絡を取って尋ねたり、直接会って事情を聞いたりもします。

事情や理由にもよるのですが、基本的には、学生に出席するように促しています。もし、出席できそうにない事情があれば中止させます。もっとも困るのは、学生と連絡が取れない場合です。残念ながら、いかなるコミュニケーションツールを使っても連絡の取れない学生が一定数います。もちろん、担当教員からも連絡してもらいますが、それでもダメなら最後は保護者とコミュニケーションを取るしかありません。

「想像していた内容と全然違っていた」と、その理由を話す学生もいます。しかし、概要をよく読み、キックオフで説明を受けて、活動をはじめてからやめたくなったというのには違和感があります。とはいえ、いろいろな性格の学生がさまざまな事情のもとで学習をするわけですから

「ありうる」とは思いますが、まったく連絡が取れないというのは、受け入れ先に対しても大変失礼なことになります。

逆に、実践先や担当教員のほうに問題があると思われる事態もあります。学生から事情を聞くと、想像以上の厳しい指導があったり、逆に何でもかんでも自分たちでやれ、というほったらかし状態にされていたり、あるいは妙にしつこかったりと、学生側の不満や言い分、悩みもあります（もっとも、体調や精神が不安定な学生もいますが）。

顕著な問題点がある場合は、実践先に事情を尋ねたり、担当教員と打ち合わせしたり、学生と少し突っ込んだ話をして対処する場合もあります。実践学習が完了するとそれぞれが感動的でハッピーエンドに見えるわけですが、水面下においては学生との問題が結構あるわけです。

これらをふまえて、「実践学習センター」のスタッフにおける大切な仕事の一つは、学生たちとコミュニケーションを取りながら見守り、必要に応じて中立な立場に立って調整を行っていくことと痛感しています。

「manaba《マナバ》」の活用

実践学習がスタートした年度の途中で、「manaba」を導入しました。教育支援クラウドサービスである「manaba」は、多くの大学が導入しており、教育現場においてそれぞれの目的で運用されています。

武庫川女子大学経営学部では、実践学習を運営するベースとして使用しています。厳密には、実践学習だけでなく、ほかの科目を含めて学習ポートフォリオとして利用できる点など活用範囲はかなり広いのですが、ここでは実践学習だけの話をします。なお、武庫川女子大学のなかで「manaba」を利用しているのは経営学部だけです。

具体的には、まずプロジェクトごとに参加した学生と担当教員、「実践学習センター」の三人、そして情報技術指導担当の宗平順己先生をメンバーとして登録します。担当教員が、開始前には実践学習計画書、活動終了が見えてくると実践活動記録表、評価シート、最終レポートなどといった文書類の提出期限を決めて、提出フォルダーを作成します。

実践学習では、学生はすべての提出物を「manaba」に提出します。つまり、すべて電子化されており、手書

manabaの管理画面。2022年度の管理件数は約90件

き文書の作成や、提出物の手渡しややり取りは一切行われません。また、「manaba」には「実践学習センター」のスタッフも入っていけるため、実践学習の進行を把握することができますし、要所要所で割り込むこともできます。したがって、実践学習のさまざまな作業のやり取りは、閉じられた空間ではなく、透明化されていることになります。

最後の成績評価の段階でも、教員は「manaba」を使用して点数を明記し、評価を行っています。元々、経営学部の実践学習を想定していたわけではありませんので、既存の教学システムでは対応できません。つまり、経営学部が「manaba」を導入したのは苦肉の策だったのです。

実践学習のような要素をもった科目が今後も増えていくかもしれません。もし、ほかの学部が使用するようになると、先行導入していた経営学部は、学内外を問わず、いくらでもノウハウや情報を提供したいと思っています。

実践活動が終了してからが本当の勝負

実践学習の活動が終わると担当教員による成績評価が行われますが、「これで完了です」と言えたならどんなにいいでしょうか。実際は、ここからが学生にとっては大切な作業となります。よって、「実践学習センター」の出番はまだまだ続くことになります。

学生は、活動終了後、おおむね二週間以内に「実践活動記録表」、「評価シート」、「最終レポート」という三つの文書作成が義務づけられています。

《実践活動記録表》——この文書は、学生が実際に行った活動を記録するものですが、それほど煩雑なものでありません。学習時間で想定されている四〇時間分をどのような活動に使ったのかを中心に記入していきます。ですから学生は、記入できるように準備しておく必要があります。

四〇時間が確保できなかった場合は、残念ながら実践学習が完了したことにはなりません。その場合、担当教員から、足りなかった時間を補うために、「プロジェクトの内容に関係する文献を読んでまとめるように」といった指示が出されたりします。

この文書を作成するプロセスで、学生は実践学習の振り返りをはじめることになります。また、活動記録は実践先にも確認してもらい、次の評価シートに記載してもらうための参考資料ともなります。

《評価シート》——学生から実践先の担当者に、活動記

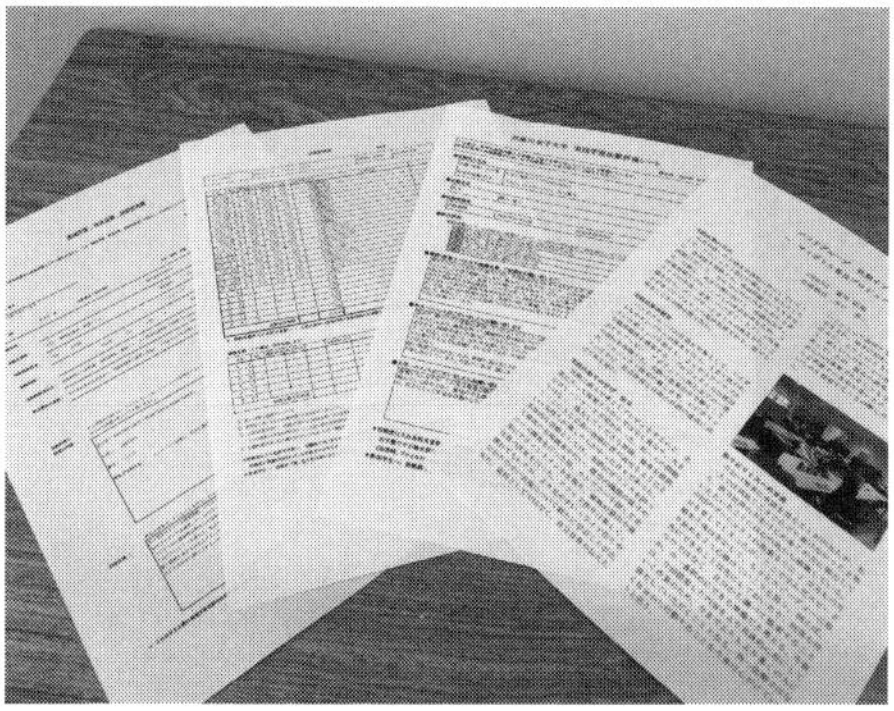

学生が提出する四つの文書。左から「実践学習計画書」「実践活動記録表」「活動評価シート」「最終レポート」

録表の確認とともにこの評価シートへの記入を依頼します。具体的には、総合評価をＡ～Ｄの四段階から選んでいただき、学生や大学へのコメントをいただいています。

《最終レポート》――「実践学習記録表」と「評価シート」について実践先とやり取りしている間に、学生たちは最終レポートの作成にとりかかります。最終レポートといっても、Ａ４サイズ一枚に収まる分量で、所定の様式に従って、実践活動の内容や経過、活動によって学習できたことを中心に執筆していきます。活動記録という性質もありますから、必ず写真を一枚挿入してもらっています。

　最終レポートは、一人ひとりが提出することになります。したがって学生は、卒業までに最低でも一人四枚の最終レポートを作成することになりますから、自らが想像する以上に教養を高めることにつながっているはずです。

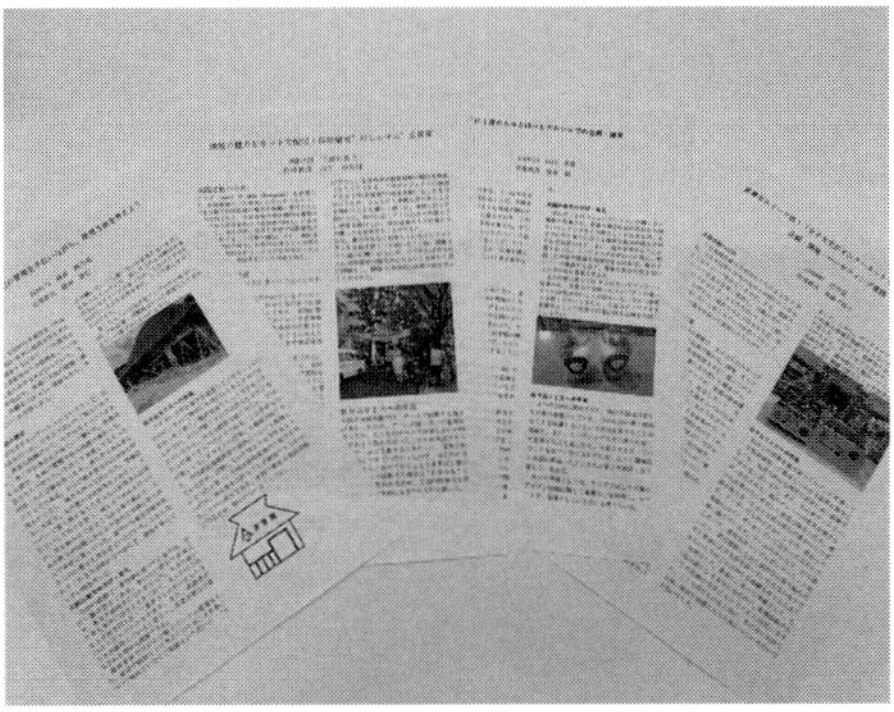

学生たちの最終レポートの一例。写真を入れ、過不足なく的確にまとめることが要求される

振り返りの時間こそが大切

実践学習は書類の提出で終わりではありません。すべての書類を「manaba」に提出後、活動の振り返りができるような仕組みになっています。

すべての科目は履修前に履修登録を行って授業を受けますが、実践学習は活動（授業）が終わってから履修登録を行います。この履修登録も「manaba」で行うのですが、活動の振り返りをしながら登録してもらっています。その際、以下のような質問をしています。

・このプロジェクトを通じて、あなた自身への新たな発見や成長を実感したことはありましたか？

・このプロジェクトを通して得たもの、成長したことを第三者に伝えるとしたらどのように説明しますか？

・プロジェクト概要のイメージと違ったこと、今後改善したほうがいいと思うことはありましたか？

これらに対する回答を「実践学習センター」のスタッフが確認し、実践先や担当教員とも情報共有を行います。また、これらは、実践先や「実践学習センター」がプロジェクトの状況を把握して、今後の企画や運営に反映するといった材料にもなっています。

「どうして、１単位の授業において、そこまで学生にやらせるのか？」という意見が出たことがあります。確かに、活動後の作業が学生にとってはかなりの負担になっているようです。しかし、この作業こそが実践学習の効果を高める鍵になると考えています。活動をやりっぱなしにさせず、必ず振り返りの時間を入れているのか、その理由は明らかです。せっかく積極的に取り組んだのに、「楽しかった」とか「うれしかった」などといった感想をもつだけなら小学生と同じです。大学生らしい「振り返り」が必要なのです。

学生が自分の選択に従って、自主性をもって取り組みはじめた地点に立ち返り、何を学習したのか、どのような知見を得たのか、それらは自分にとってどのような意味をもつのか、また次はどうしたらよいのかなどについて分析して欲しいのです。振り返りによって、自らの姿や位置、能力や興味が見えてくるはずです。そうすれば、在学中の四年間で、何を勉強すべきなのか、どのような就職先が考えられるのかなどがおぼろげながら分かってくると思います。自己の適正について知ること

「奥田邸活用プロジェクト」（2021年度夏期）。大阪市にある江戸時代の庄屋総代の屋敷を舞台に、重要文化財を活用するアイデアを提案

さえできれば、実践学習はとても大きな意味をもつことになります。

また、実践学習では、企業をはじめとするさまざまな組織で担当者や関係者という社会人に会うことになります。こうした交流は、言うまでもなく貴重なものです。就職活動がはじまって初めて社会人に会うというのではなく、すでに実践学習において会っている、インターンシップ活動の一部ができているという状態はかなりの「強み」となります。

実践学習は、十分に就職活動のスキルを身につけることができると私は思っています。

サクサク派VSオットリ派

提出物を作成している段階になると、実践学習の終わりが見えてきます。提出物がそろえば、最後に、指示された期日までに自らがその実践学習の履修登録を行います。このとき学生は、「フィールドワーク」、「インターンシップ」、「サービスラーニング」（六ページ参照）のいずれかで登録することになります。この段階で教員の評価対象となり、教員評価が終われば完了となり、単位が認定されます。

ところが、「実践学習活動記録表」の作成にしても、「評価シート」を実践先から戻してもらうにしても、すぐに取りかかって早々と処理してしまう学生がいるかと思えば、なかなか提出してこない学生がいるというのが現実です。担当教員がそれぞれの実践で締め切り日を決めて対応させていますが、ひと筋縄ではいかないこともあります。

また、実践先に提出する書類が未提出となっており、先方から問い合わせがあるというケースもあります。とくに学外にも影響を及ぼす場合は、私たちとしても、学生に対する状況確認やフォローが必要となってきます。

学生たちは、とくにコロナ禍においてはリモート授業が増え、提出課題も多くなっていましたし、アルバイトをしていないという学生がほとんどいませんので、時間はいくらあっても足りないでしょうが、そのなかでも、すべきことをきちんと行うというタイムマネジメントを実践として学ぶことは、社会に出るにあたって重要なこととなります。

きっと、私たちには分からない事情もあるでしょうが、サクサク派とオットリ派では結果がかなり変わってきます。もちろん、性格などの影響もあると思いますが、多くの関係者とともにプロジェクトを進める実践学習では、決められた手順を踏むことや期限を守ることの重要性を理解する機会ともなるため、状況に応じてこちらからも連絡を取って、事情を聞いたりしながら指導を行っています。

三か月ほどかけて活動を遂行させ、いい内容の学習になったとしても、必要書類が未提出だと単位になりません。個人的にも単位を取って欲しいし、卒業して欲しいと思っています。活動を無駄にして欲しくない、そういう思いで学生のサポートを行っています。

また、単に対処療法的なサポートを行うだけではなく、そのなかからネックになっている情報を吸い上げ、大前提となっているルールやプロセスの見直しも随時行っています。これまでにも、関係者の負担軽減を目的として、学びの要素を減らさない範囲で提出書類を簡易化したり、実践学習のプロセスをきちんと学生のなかに落とし込むための事前授業において、伝え方の改善や確認テストの導入など、よりスムーズに実践学習が進められるようなブラッシュアップを続けています。

息つく暇なく次の実践学習の準備へ

このように苦労しながらそれぞれの実践学習の終わりが見えてくる時期には、次期の実践学習が迫ってきます。というより、すでに次の実践学習のために実践先を開拓しているわけですから、もう「はじまっている」とも言えます。次の学生の募集や選定へと、バトンを渡す寸前になっているわけです。

次の実践先との連携がはじまり、ラインナップが固まってくれば、再び学生募集の準備に入らなければなりません。前の活動が終了する安堵感と、次にはじまる活動への期待が交錯します。

さて、このように述べている間にも新しい実践学習がはじまります。本書の原稿を執筆しているときのプロジェクトでは、二〇二三年一月から募集し、二月から活動がはじまるという「尼崎市の消防署のプロジェクト」がありました。経営学部のホームページを見て実践学習のことを知った尼崎市の担当者が、「高齢化が進み、若い人や女性にも消防団に入って欲しいし、増やしたい」という要望を伝えてきたのがきっかけとなったプロジェクトです。

当初は、担当者も少し漠然と考えていたようですが、実践学習では、過去に防災グッズに関するＰＲ動画をつくったことがあったので、その動画を見せたところ、消防署の仕事を体験してもらって、「ＰＲ動画をつくるプロジェクト」としてまとまりました。次々とはじまる新しい活動に大いに期待しています。

『実践学習実績集』の発行

最後に、実践学習の広報活動に触れておきましょう。「実践学習センター」では、『実践学習実績集』（実績集）を発行することに大きな労力をかけています。これまで、二〇二〇年度から二〇二二年度までの三冊を発行しています。各年度におけるすべての実践学習を簡単に紹介し、活動写真を掲載するという体裁となっていますが、私たちにとっても活動を振り返るという楽しい作業となっています。

しかし、「実績集」を発行するためには、各実践学習の説明文を書いたり、担当教員に確認してもらったり、学生たちの声を集めたりしますので、実践学習の数が増えてくると、かなりの労力が必要とされる作業となっています。

この「実績集」はコンパクトなつくりのため、実践学習のパンフレットのようなものとなっています。事実、パンフレット代わりに広報活動のツールとしても活躍しています。新しい実践先には、実践学習のイメージをつかんでもらうために必ず見てもらっています。

それだけでなく、学外の関係者へ実践学習について説明する際にも使用しています。たとえば、入試活動では受験生や保護者、高校関係者などへ、また就職支援活動では求人企業、経営者団体、地方自治体などに手渡されています。これらのために一二〇〇部を印刷しています。「実践学習センター」の入り口に平積みされていますが、実践学習が武庫川女子大学経営学部を象徴する授業であると自負しています。

このように、「実績集」は実践学習のイメージを、写真を通して視覚的に理解してもらう広報ツールとなっていますが、個々の実践学習の詳細はあまり見えてきません。そのため、「実践学習センター」は、それらに関する広報にも取り組んでいます。

2022年度の『実践学習実績集』の表紙

実践活動のほとんどは、活動終了前に、最終発表会や商品展示、販売などを経て完了しますので、こうした最終活動を学内の広報室に知らせ、現場で取材記事を書いてもらったうえ大学のホームページに掲載してもらっています。実は、「実践学習センター」の隣が広報室ということもあり、遠慮なく次々と協力してもらっています。

また、経営学部のホームページ内にある「学びレポート」のコーナーに、学生たちが実践学習の記事を掲載しています。このコーナーは、実践学習やゼミの成果を学生たちの言葉で紹介するものですから、広報室の記事とはちょっと違った味わいがあります。

阪神電車の沿線情報誌『ホッと HANSHIN』2023年３月号。実践学習のプロジェクトも３件が掲載された

これらはほぼ学内関係者向けの広報ツールですが、学外への広報も大切ですから、いくつかの実践学習をピックアップしたうえで広報室とプレスリリース記事をつくり、最終活動などの情報を新聞社などへ知らせたりしています。

言うまでもなく、大学内の連携をとても重視していますが、実践学習センターが単独で直接新聞社に情報提供をするといった場合もあります。地元紙の『神戸新聞』などが頻繁に実践学習の記事を掲載してくれますし、地元のミニコミ誌や阪神沿線の情報誌などでも取り上げられていま す。地元の住民に、「ムコジョといえば実践学習」と認知してもらえるととてもうれしいです。

達成感

実践学習の舞台裏がかなり分かっていただけたと思いますが、最後に、私の達成感について述べて終わりたいと思います。

実践学習を回すのには大きなエネルギーを必要とするほど業務量が膨大になりますから、実践学習が完了すれば達成感が湧き出てくるというのは確かです。達成感、ひょっとすると自分で見つけているのかもしれません。実践学習の運営を続けていると手作業が多くなり、判断の余地も大きくなりますから、そこに改善できる可能性がたくさん潜んでいます。苦労したところについては、「何とか改善できないか」という姿勢で臨むと「改善できた」と実感するときがあるので、とても達成感を味わっています。

たとえば、実践先の担当者と「実践学習センター」で擦り合わせたプログラム概要を学生に読んでもらい、どのプロジェクトに参加するかを決めてもらうシステムである「実践学習エントリーシステム」を導入したときです。当初は使い勝手があまりよくなく、その改善について日夜考えて提案しましたが、反映されたときにはとても達成感がありました。

私は走りながら改善していくことが好きですし、改善されたことによってみんながHAPPYになれたらとてもうれしいです。この改善されたエントリーシステムによって、採用する側にとっても、学生にとっても、スムーズな活動・適材適所となる採用が可能となり、充実した活動につながっていると思っています。まさしく、「学生」、「企業」、「実践学習センター」をつなぐシステムができたのではないかと感じています。

本書でも紹介されている「阪神タイガースの女性ファン」に関する実践学習では、灼熱の甲子園球場前まで、学生の調査を補助するために同行しました。私は社会学部の出身なのですが、調査など経験したことがなかったので勉強になりました。ムコジョの学生たちは、本当に貴重な経験ができていると思います。

また、最終報告会などを見ていると、偽りなく、実践先の担当者がハッとするような瞬間に出会えます。学生や実施した調査で驚きの結果が出たり、見逃していた点を突いた提案が出されたときのリアクションです。そのような光景を見ていると、実践学習というのは、想像以上に大きなことをやっているのでは、と思えてきます。裏方である私も、モチベーションが一気に高まります。

「学生」、「実践先」、「教員」が実践活動に適材適所で取り組み、運営がスムーズに進んで学習の成果につながったときの達成感、これに勝るものはありません。

第３章 これからの実践学習とは

（山本雅野）

イタリアから帰国して実践学習センターへ

そもそも、私は大学に勤務するということを想定していませんでした。大阪の短期大学を卒業したあと野村證券に就職しましたが、アメリカで勉強したいという想いが募り、退職してテキサス州にある大学に留学しました。

帰国したのはその四年後です。「P＆G」という外資系企業に秘書として入社しましたが、外国人の上司が長期休暇を取るのに合わせて私も頻繁に海外旅行をしているうちに、今度は「イタリア語を学びたい」と強く思うようになり、退職してフィレンツェに渡りました。そこで本物の美術に触れ、イタリア語の傍ら美術史の勉強をはじめたら、これにハマってしまい、気付けば二〇年以上が経っています。

イタリアで公認観光ガイドの資格を取り、ガイドリーダーもこなしました。日本からのお客さまに、美術の面白さや現地の裏話などについて、ひと味加えた案内をして喜んでいただいていましたが、何より私自身が旅の感動をお客さまと共有できることが嬉しくて、これを「天職」と思って楽しんでいました。ところが、突然のコロナ禍で仕事がゼロになってしまったのです。観光業復活のめどがまったく立たず、日本に帰国することを決めました。

長らく住んでいたフィレンツェを出ていくには少し時間を必要としましたが、帰国してお仕事をいただいたのが武庫川女子大学でした。二〇二一年一月から、経営学部の留学プログラムのサポートという仕事とともに、実践学習に携わることになりました。

本章では、実践学習の開始後、今日に至るまでのデータを示しながら紹介していきたいと思います。また、第2章において述べられたこと以外について補強をし、最後に最新の事情と今後の方向性について触れていくことにします。

実践学習の軌跡

まず、これまでの実践学習の実績を跡付けていきましょう。経営学部が開設され、実践学習がはじまった二〇二〇年度から、この原稿を書いている二〇二二年度までとなります。二〇二三年度についてはあとで紹介します。

二〇二〇年度の実践活動は、新入生が入学した夏期から開講され、合計三九のプロジェクトが行われました。コロナ禍にもかかわらず、健闘したと思います。内容は多彩で、三つの種類別に見てみると、一番多いのがインターンシップで、三一のプロジェクトとなっています（他との併用を含む）。フィールドワークは七プロジェクト、サービスラーニングは六プロジェクトでした。

二年目となる二〇二一年は、前年度と同じく一年生は夏期からの履修となりますが、二年生以上（まだ二年生だけですが）は、新年度の当初から参加できる最初の年度となりました。

二〇二一年度の実践学習は、春期二八、夏期一九、秋期二七、冬期八、合計八二のプロジェクトが行われました。それぞれの実践に参加する学生数にはばらつきが見られますが、一部を除いて、一〇人程度もしくはそれに満たない少人数となっている実践がほとんどです。言うまでもなく、この年度もコロナ禍のため数々の制約を受けましたが、実践学習を拡張することには成功しています。インターンシップ、フィールドワーク、サービスラーニングという種類にまたがるプロジェクトが多くなり、学生からしても、履修や科目登録がしやすくなりました。

三年目を迎えた二〇二二年度は、少しコロナ禍が落ち着いてきたこともあり、さらに実践学習は拡大し、内容が充実しました。春期二六、夏期二四、秋期二六、冬期一七、合計で九三のプロジェクトを展開しています。冬期以外は、コンスタントに二五前後のプログラムを運営したほか、冬期も倍増しています。つまり、「全開」と言えるほどまで発展したわけです（巻末の表参照）。

改めてこれまでの実績を振り返ると、量的な拡大だけでなく、実に多彩な実践学習を積み重ねてきたことが分かります。プロジェクト名だけでも活動内容が想像できると思いますが、眺めているだけでも楽しくなってくるのは私だけでしょうか。

自主企画の実践もある

巻末の一覧表に掲載されているプロジェクトですが、ちょっと違ったつくり方の実践学習もあります。ほとんどのプロジェクトは、実践先の選定から活動内容まで実践学習センターの主導でつくっていますが、学生自身が見つけてきた実践先と内容で行う実践学習で、「自主企画」と呼ばれているものです。ただし、これまで紹介した実践活動と同じく、活動に際しての計画書や活動後の記録表などの提出、そして最後に科目登録して単位を修得するという手続きは同じです。

例を挙げたほうが分かりやすいでしょう。たとえば、二〇二二年度には「Awaji Startup Queen Award 2022」が開催されています。このイベントは、主催者のパソナグループが取り組む女性起業家支援というプログラムの一つで、淡路島を舞台にして、社会課題の解決に挑戦する女性起業家を支援するというコンテストです。

多数の応募者がエントリーしましたが、経営学部の富田彩葉さんが七人のファイナリストの一人に選ばれたのです。社会人ばかりのなか、唯一学生で選出された富田さんは、優勝を目指して単独で、これを自主企画の実践学習として活動しました。

そして、二〇二二年七月一二日、淡路島の「HELLO KITTY SHOW BOX」で行われた最終選考会では、堂々と「マイボトル推進のためのエコ自販機」という企画を発表しました。現在の生活環境がマイボトルを持ち歩くのに適していないと分析し、自販機やマイボトルのターゲット層の調査と、素材、費用面を考察したうえで「エコ自販機」を提案し、マイボトルに適した環境づくりを訴えたわけです。

惜しくも入賞は逃しましたが、実現性が高い企画に審査員からは高い評価を得たほか、会場から大きな拍手が送られました。素晴らしい活動だと思います。

もう一つの自主企画例は、「アサヒ飲料クラブ Challengers」です。アサヒ飲料のアメリカンフットボールクラブの「チャレンジャーズ」は、兵庫県尼崎市を本拠地とする社会人チームです。ちなみに、「チャレンジャーズ」にいる七人のマネージャーの一人は、武庫川女子大学経営学部三年生（二〇二三年現在）の石田千尋さんです。

さて、大阪市で小中学生の「ＯＳＡＫＡマーヴィーズアメリカンフットボールクラブ」に所属していた経営学部二年生の横山綾子さんは、日本ではまだアメフトがマイナーなスポーツであると感じていました。そこで、アメフトを多くの人に知ってもらい、実際に試合会場まで足を運んでもらうためにはどうすべきかについて考えるために、「チャレンジャーズ」のインターンシップに参加し、それを「自主企画」の実践学習のプロジェクトにしました。

具体的な目標として横山さんは、チームのSNSで多くの新規フォロワーを獲得することに決め、練習見学を重ねてから、Instagram、Twitter、YouTubeなどにおいて新規フォロワーを獲得する方法を模索しました。YouTubeの新しい企画案、Instagramのリールやハイライトといった機能の活用方法を見直すなどについて考えましたが、活動開始の時期が遅く、シーズンオフも近いため、実際はInstagramのGAMEDAYやイベント告知、MVPプレイヤーの投稿画像の作成などに携わることになりました。

その間にも、スタジアムでの試合見学を続けるとともに、チームのスタッフを観察したり、地元議員と交流したりと積極的に活動しています。こんな横山さん、二〇二三年三月からは、出身の「OSAKAマーヴィーズ」のチアコーチを務めています。

最近では、二〇二三年度の春期に、図書館内のカフェでクレープを販売するという「自主企画」がありました。クレープづくりと販売にひときわ熱心に取り組んだのが、経営学部四年生の紙谷萌未さんでした。

ひそかに、紙谷さんは母親とともに店を経営するという希望をもっていたので、店舗運営のノウハウを得ようという狙いがありました。具体的にどのような店を開業するかは決めていませんでしたが、参加しているうちにクレープへの関心が高まり、エンジンがかかりました。この「自主企画」で働き振りが認められた紙谷さんは、実践先の「株式会社マリオン」との話し合いの末、卒業後にマリオンクレープを出店することで合意し、その準備が進んでいます。つまり、実践学習をきっかけに夢を実現したのです。

こうした「自主企画」の実践学習は、全体から見ると少数派となっていますが、学生自身が見つけてきたテーマに取り組むという大切なプログラムとなっています。本当の自主性が問われますし、積極的に参加している学生たちの姿が見られることもあり、実践学習においては大事な選択肢の一つとなっています。

「実践学習エントリーシステム」

実践学習における学生と教員に関係する事務作業は、第2章でも述べられたように「manaba《マナバ》」を運用する形で情報システム化を実現しています。しかし、実践先に対する事務作業に関しては手作業のままとなっており、その量が膨大になるというのが悩みの種でした。そこで、実践先とのやり取りについても情報システム化を進めようと、二〇二二年度から「実践学習エントリーシステム」（一九ページ参照）を導入しています。

まずは、実践先の候補となる企業や団体にエントリーシステムのことを伝達し、システム上にアカウントを登録してもらいます。ログインができるようになると、実践先にプロジェクトの概要を記入してもらいます。あくまでも概要ということで、詳細まで書き込む必要はありません。

プロジェクト概要が登録されて以後、実践学習センターが実践先の担当者と打ち合わせや確認をしながら、内容、スケジュール、キックオフ日をはじめとして、想定される参加学生人数、成果物などの詳細について決めていきます。

詳細項目には「こんな学生におすすめ」や「学生へのメッセージ」などもあって、実践先に入力してもらっています。そのため、それ以前の募集案内よりも新しいシステムでの採用募集内容は、学生にとって馴染みやすい内容になっていると思います。

また、この「エントリーシステム」のおかげで、実践学習センターの事務作業量が大幅に省力化されました。もちろん、これまでに不具合が見つかり、苦労したこともありますが、そうした不具合を修正して、使い勝手のよいシステムに仕上げていくことが大切だと思っています。

「実践学習マニュアル」で学生の戸惑いをなくし、効率化を図る

実践学習センターに来てから私が取り組んだものの一つに、実践学習の運営や手続きに関するマニュアルづくりがあります。「実践学習ハンドブック」が基本となりますが、「学生用エントリーシステムの利用手順」や「実践学習自主企画プログラムの進め方」など、詳しい内容も含めて

「マニュアル」と総称しています。

当初の実践学習は、プロセスにおいても試行錯誤であったため、その都度進め方をslack（チームコミュニケーションツール）で学生に伝達したり、紙の書類と印鑑を使ったやり取りもあるなど、非効率で全体像が把握しにくいという状態にありました。そのため、学生だけでなく、実践先や教員という関係者全体を含めて、マニュアル化の拡充が急がれました。

「実践学習ハンドブック」では、実践学習とは何かという説明をはじめとして、提出書類の種類と内容、その書き方などを含めた手続きのほか、slackやmanabaの使い方に至るまで解説しています。

また、「学生用エントリーシステムの利用手順」では、ログイン方法からはじまり、プロジェクトの選択や志望理由の記入を経たエントリー方法が示されているほか、採用や不採用の通知メールの受信と確認までが分かりやすく解説されています。「すべてをマニュアル化する」ことに関しては賛否両論があるでしょうが、学生に全体像を見せるためにも、私はこの実践学習のマニュアルは不可欠であり、有効だと思っています。

もちろん、いくらシステム化しても人間が動くことに変わりはありません。実践学習の手続きは複雑になっていますし、とくに一年生が初めて実践学習を履修する場合には分からない点が多いと思います。それらの疑問点を考慮して体系化し、マニュアルを整備することが、学生の負担軽減や事務手続きの効率化に貢献するので有効だと考えられます。

実践学習で何が見えたか

個人的な感想を交えた見解になりますが、これまで実践学習センターの一員として運営してきた立場から、実践学習を通して見えてきたことを述べたいと思います。

学生対応などもやっている私ですが、対外業務の比重も高く、時任（第1章の執筆者）と連携しながら多くの実践先と接していて気付いたことがあります。それは、慎重に実践先を選定しているようでいて、かなり素早く判断しているという事実です。

それほど、実践先やプロジェクトの良し悪しの判断に関する時任の嗅覚が鋭いということになるのですが、極端に言えば、ファーストコンタクトのときにおおよそ決まっているようです。あるいは、多少の違和感があったとしても、そこからの骨格づくりや肉付けに至るまで、微調整してまとめてしまうという手腕は、真似のできない時任独自の能力だと思っています。そのおかげでしょう、プロジェクトの「ハズレ」はまずありません。要するに、慎重さや周到さよりも的確な見極めが勝るということです。

また、ここまで続けてきたおかげで、参加する学生のタイプがはっきりと見えるようにもなりました。実践学習のようなプログラムが好きな学生とあまり好きではない学生、または、進んで取り組みたい学生とあまり乗り気でないという学生がいます。語弊があるかもしれませんが、「卒業」を不可欠と考えていない学生もいます。卒業はしたいが、自分にとって難しければ「それもやむなし」という考えのようで、これがZ世代の捉え方なのかと驚くこともあります。

必修科目である実践学習においても、活動を休みがちになったり、書類を出さなかったりと、学生によってその位置づけの軽重がかなり違います。こうしたことがはっきりと見えてきたので、学生のタイプに合わせて柔軟に対応するように心がけています。

また、実践学習に関して、私には一つ持論があります。少人数参加の実践であれ、大規模な実践であれ、大学側と実践先で「Win-Win の関係」が大切であり、これがないと長続きしないということです。

正直に言うと、有名企業や大企業とプログラムを組む際に努力したこともありましたが、現在は各種の活動体などを含めて、小さな企業とのお付き合いが多いです。選定させていただく企業は、「ブランド」ではなく「Win-Win の関係」が築けるかどうかが大事な選定基準となっています。

多くの実践先の活動目標には共通点があります。女子大生ならではの、声、視点、感性、SNS技術、商品開発、販売などといった点を求められる場合が多いです。もちろん、多くのプロジェクトにおいてはそれらが直接の目標になるでしょうが、実践先のほうも、学生との活動を通じて、それ以上にさまざまな知識や体験を得ていると思われます。

となると、同じく、活動を通じて学生たちの体験のなかにも学びがあるべきです。単なる無償のアルバイトではない、という気付きが欲しいわけです。そうなれば、大学側も実践先も満足できるはずです。

さて、私のキャリアのなかでもっとも長いのがフィレンツェでの現地ツアーガイドだと先に述べました。その際に味わった感動を、実践学習において疑似体験できるときがあります。ご夫婦であれ、学生であれ、グループで美術館ツアーに参加するお客さまには、美術に興味のない方がおられることも多いものです。

しかし、ツアーが終わると、全員がとても満足してくれます。要するに、相手に応じた案内の仕方をしているわけですが、口々に「美術館がこんなに面白いものとは思わなかった」とか「美術の見方が変わった」と言って喜んでくれました。そのような声を聞くのが楽しみで、私はガイドをやっていたような気がします。

ある意味では、実践学習の見せ場は、学生の潜在力の発揮や成長です。同じように、実践先の担当者や関係者の反応が変わるときがあります。当初は、いかにも女子大生という見方をしていた人々が、最終発表会などで学生と接したあとに、「大学生の見方が変わった」とか「素晴らしい体験を得た」と言ってくれます。そのようなとき、ガイドをしていたときと同じような感動を得るのです。

二〇二三年度の実践学習について

この原稿を書いている間にも二〇二三年度の実践学習が行われています。当然、年度としては終わっていませんが、春期の実践学習を中心に紹介して本章の終わりとさせていただきます。

二〇二三年四月、春期の実践学習となる二四のプロジェクトがスタートしました（巻末の表参照）。それに先立ち、「実践学習ガイダンス」と「実践学習相談会」を実施しました。ガイダンスは先に挙げた時任が担当し、一次募集、二次募集など、プロジェクトへの応募スケジュールや主な手続きを解説し、各プロジェクトの内容紹介を行いました。

このガイダンスはZoomを使ったＷＥＢ開催であり、プロジェクトの紹介については各実践先の担当者にオンラインで説明をしてもらいました。つまり、学生にとっては、実践先からリアルな解説が聞けるようになっています。

また、二〇二三年度からは手続き上の変更もあります。プログラムの当初に提出していた「活動計画書」の提出を廃止したこと、「活動記録表」と「評価シート」が統合された様式になったことという点をガイダンスで伝えています。つまり、これまで使ってきた書類の作成と提出が二〇二三年度から簡略化され、学生の事務手続きが軽くなったわけです。

さて、二四のプロジェクトのうち、プロジェクト番号一番で、実践先担当者による紹介を務めたのは、「NPO法人なごみ」が実践先となる「住民が多世代で楽しめる『鳴尾ふぁみりーマルシェ』」です。実践学習センターでは、二〇二三年度から、原点回帰というか、地域とのつながりをさらに深めていこうと考えています。その典型例がこのプロジェクトとなりますので、簡単に紹介したいと思います。

「NPO法人なごみ」は、二〇一四年に発足した住民運営型NPOで、武庫川女子大学の少し南に位置する鳴尾東地域にある団体です。「なごみ」では、すべての住民が住み慣れた地域に暮らしていけるような地域づくりを目標としています。「なごみ」がもつ三つの活動拠点の一つである「まちカフェなごみ」と近隣の公園を舞台にして、マルシェの活動を

なごみカフェ。福祉センターの夜時間を利用して多世代交流イベントを運営した。檀上右の学生が司会を担当。

するというものです。地域の活性化と多世代交流の場づくりをテーマにして、学生と一緒に二か月に一回という頻度でマルシェの開催に取り組みました。

実は、「NPO法人なごみ」とのプログラムは今回で七回目となります。このプロジェクトだけではありませんが、「地縁」を大切にしたプロジェクトについては、今後も拡充していく予定となっています。

これからの実践学習

実践学習は、活動の運営や広報について年々充実化が図られ、回すためのサイクルができつつあります。その意味では、仕上がってきている状態だと言えます。とはいえ、まだ課題がありますし、多くの改善ができるはずです。その対応に追われているところがあるので、「完成品」となるのはまだまだ先だと思っています。

そうした実践学習の今後の方向性について、最後に述べたいと思います。まず、学生と教員の状況をふまえた改善を考えています。

当初、実践学習は、学部が開設したばかりということもあって、一年生しかいない、二年生しかいないというように、開講科目はかぎられていました。教員側も、担当科目が少ないですし、三年生がいないので専門演習（ゼミ）もはじまっていませんでした。この期間における実践学習の担当教員は、手取り足取りとは言わないまでも、かなり積極的に取り組んでいたように思えます。

しかし、ゼミがはじまり、教員の担当科目が多くなると（場合によって超コマになる）、なかなか手が空かなくなります。よって、教員に頼ったプロジェクトを減らし、実践先の方と学生で行うプロジェクトを増やしていく必要があります。ただ、それには事務局側にもフォロー面で限界があるため、各実践学習の参加学生数を増やして、プロジェクトの数が増えすぎないようにするなどといった工夫が必要になるだろうと想定しています。

このような流れもふまえて、一部ではエージェントに依頼するというアウトソーシングによる実践先の開拓や選定がはじまっています。とはいえ、決してすべてを丸投げしているわけではありません。

実践学習の一番難しいところは、実践先の確保ではなく、何をゴールにするのか、どういう方法で行うのかという点であるため、それについて完璧にチェックしています。四〇時間のプロジェクトに落とし込むという作業は難しいわけですが、実践学習を安定的に運営するための一助となります。

また、継続的に実施できる実践学習を積極的につくっていくという考えもあります。新たな実践先を開拓して、やり方を伝えてプロジェクトをつくっていくまでには、やはりかなりのエネルギーを要します。大学の近隣など、近いエリアで継続的に学生を受け入れてもらえる実践先が増えていけば安定的な運営が行えるでしょう。

一方、学生にとっても実践学習を再考するときだと言えます。卒業要件となる必修四単位は、すべての学生が簡単に達成できるわけではありません。それぞれに特性があるため、学外に出て、毎回新しい人とプロジェクトを行うことに負担を感じる学生もいます。また、学部のなかには、早い段階から公務員や士業（専門資格を要する職業）など進路をある程度定めて、学ぶ時間を多く取りたいという学生もいます。

そういったなか、実践学習の「必修」をはずすことはありませんが、必修単位減少という流れになっており、二〇二三年度の入学生から2単位へ変更しました。ただし、上限の取得可能単位はこれまでと同じく9単位ですので、望む学生は引き続き数多くのプロジェクトに参画できます。必修単位を取り終えてなお、志願して現場に出ていく学生は自ずとモチベーションが高くなりますので、より良いプロジェクトになる可能性が高まっていくのではないかと期待しています。

また、ほとんどの学生が自主的に学ぶというのが実践学習の性質となっていましたので、成績が付けにくいという問題が以前からありました。学生からすれば、チームでやっている場合でも、「S、A、B」と評価されるというのには違和感があります。おそらく教員も、それらを区分する際に苦労していることだと思います。したがって、二〇二三年度の入学生からは認定評価、つまり「可」か「不可」という認定だけにすることにしました。

これらが実践学習の「改悪」にならないように、慎重な検討が今後も必要だと思いますが、これまで次々と改善してきた経緯からすれば、おそらくやってみる価値はあると考えています。

別の面ですが、就活がらみの話も進みつつあります。就活では「学力（ガクチカ）」（学生時代に力を入れたこと）などといった自己分析が必要で、インターンシップであれ、本選考であれ、エントリーシートの作成が大切となります。しかし、コロナ禍では活動が制限されていましたから、なかなかうまく書けないというのが実情です。ところが、経営学部の学生には、実践学習の経験があるので「ネタ」がたっぷりとあります。

それをもっと活用してもらいたいと思っています。実践学習の活動記録の整理と就活のエントリーシートをうまくつなげられないだろうか、ということです。理想は「manaba《マナバ》」のさらなる活用となります。まだできていませんが、実践活動を就活に絡める試みが一部ではじまっています。

さらに、改善すると言われながらなかなか抜本的に改善されなかった問題は、スタッフが少なすぎることです。スタッフを増やす算段がついたようなので増員されると思いますが、私のような助っ人が来ても「焼け石に水」でしたので、これは非常に切実な問題となっています。

私にとって、実践学習センターでの二年間は、実践学習をひたすら回しながら、出てきた課題に対処して改善を繰り返すという、それこそ目が回るほど忙しい日々でした。仲はよいけれど、性格が違う三人でよくやってきたと思います。とはいえ、課題から逃げずに改善がうまくいっても、「やり方が悪かった」と思うことがいっぱいありました。それだからこそ、実践学習の改善を続けていきたいと考えています。

改善するという際には、大きな意欲が湧いてきます。それだけ、実践学習の柔軟性が高く、より良い内容にしていくだけの可能性を秘めているということでしょう。たとえば、本書の制作という実践学習においても、「本を出してみたい」という頼もしい発言をする学生たちが集まって、出版社の新評論が実践先となり、みんなで熱心に取り組んだ結果実現したわけです。もちろん、学生たちは、本を出版するというプロセスや編集技術を学ぶことで、実践学習の単位が認定されました。

言葉にすると簡単に思えますが、できそうでなかなかできることではないと思います。そう考えると、実践学習の原点は、やはりこの「柔軟性」にあると思います。だから、これからも、それを大事にして発展させていかなければなりません。

第2部 実践学習で学ぶ

経営学部の高層階から撮影した大学正門とキャンパス

第1章

私の興味を広げた「音羽DELI」での商品開発

（玉垣緋莉）

たまがきあかりと申します

好奇心旺盛で行動力があり、人と争うよりも協調することを好む玉垣緋莉です。学生生活はコロナ渦でしたが、イベントを企画運営する学生団体に所属したり、クラスの学級委員長のようなことをしてみたり、地域での活動にも積極的に参加して、一番ハードなゼミに所属してビジネスコンテストやマーケティングリサーチなどを行ったり、淡路島でイベントをしたり、商品開発をしたりと超充実した大学生活を送り、日々楽しく、忙しくしていました。

さて、私は両親から「あかり」と名付けてもらいましたが、「緋莉《あかり》」とはなかなか読んでもらえません。「緋」という字は、「緋色《ひいろ》」という昔から日本にある色から取ったものです。黄色味を帯びた赤色、カタカナで『スカーレット』とも呼ばれる色を想像していただけると読みやすいかと思います。これを機会に、「和色」[1]も覚えてみてください。

「タコと子午線」の町で有名な兵庫県明石市にある実家から私は、大学のある西宮市まで電車を乗り継ぎ、約一時間半かけて週に三日通っていました。結構大変な通学となりましたが、武庫川女子大学の経営学部に進学した理由の一つは「実践学習」というプログラムがあったからです。

私たちの代が一期生ということもあり、オープンキャンパスではこのプログラムの理想が語られていましたが、「ここなら自分の好きなことにチャレンジできそうだ」、「商品開発って面白そう」と思いました。また、この大学のこの学部なら、後悔することなく大学生活が送れそうだと思って受験しました。

今振り返ると、高校生ながらしっかり考えていたなと思いますし、その選択はまちがっていませんでした。コロナ絶頂期に入学し、制限されたなかでの大学生活となりましたが、想像どおり、後悔なく充

(1)　日本の伝統色は四六五色（色名は一一六）もあります。サイト「和色大辞典」参照。

筆者

実した時間を過ごすことができました。ここでは、充実した大学生活の一部分を担ってくれた、実践学習「音羽ＤＥＬＩでの商品開発プロジェクト」について話していくことにします。

私が「音羽ＤＥＬＩ」を実践学習先に選んだ理由

実践学習のプロジェクトを選ぶとき、毎回二〇～三〇種類のプログラムが提示されるのですが、そのなかから「テイクアウト専門店〝音羽ＤＥＬＩ〟でしかない商品開発プロジェクト」を選んだ理由は、それまでに経験した実践学習やほかの活動が関係しています。この実践学習をするまでに五つの実践学習を行っていたのですが、そのなかの三つの経験が影響して、「音羽ＤＥＬＩ」を選択したと思います。

一つ目は「株式会社パソナふるさとインキュベーション」様と「武庫川女子大学」で行った「淡路島地方創生インターンシップ」というプログラム、二つ目は初めての実践学習先だった「株式会社ここにある」様の「淡路島場づくりプロジェクト」、三つ目は、「淡路島場づくりプロジェクト」でとてもお世話になり、その後もイベント企画と運営をお手伝いさせていただいた「SHARE HORSE ISLAND（シェアホースアイランド）」様での自主プログラムです。

「淡路島地方創生プログラム」では、主に食や有機農業から今の日本社会やこれからについて考え、ディスカッションを行いながら学びを深めるという内容でした。このプログラムを受けたこ

とで無農薬野菜や食に興味をもつようになり、食に関する実践学習をしてみたいと思うようにな
ったわけです。

そして、二つ目と三つ目の実践学習では、地域の温かさや地域での「場づくり」をする面白さ、相手に喜ばれることの嬉しさを学びました。そこから、地域に携わることができ、実際に自分のアイデアを商品化することで誰かに喜んでもらえるプロジェクトをしてみたいと思って挑戦したのが、「テイクアウト専門店〝音羽ＤＥＬＩ〟でしかない商品開発プロジェクト」だったのです。

少し、「株式会社音羽」の紹介をしましょう。

創業は一九七〇（昭和四五）年、大阪・京都・兵庫の二府一県で二三店舗を展開している「すし・和食チェーン」です。高級すし店をはじめとして、回転すし・流れ鮨、出前専門店や料理旅館など、お客さまの「大切な人生の最良の日」をお手伝いできるよう、複数の業態を展開しています。

「地域密着経営」をポリシーとし、すし・和食の伝統技術を継承するとともに「おいしい笑顔をお届けしたい」という一心で、西宮市の地（複数店舗あり）において五四年という歴史を積み重ねてきました。武庫川女子大学の経営学部と同じ、二〇二〇年にオープンしたテイクアウト専門店「音羽ＤＥＬＩ」も、地域のみなさんから「音羽さん」と親しみ愛される、お店の一つとなっています。

キックオフで社長にお会いする

「音羽ＤＥＬＩ」の実践学習がはじまり、メンバーとともに初めて「音羽ＤＥＬＩ」のみなさまと顔合わせをしたのは二〇二一年一〇月一日でした。実は、この日の翌日に友人と三人で取り組んでいたビジネスコンテストの最終プレゼンがあったので、午前中はその練習に明け暮れていました。なので、私はヘトヘト状態でこのキックオフミーティングに出席していました（正直、頭の中はプレゼンのことばかりで、実践学習のことは何も入ってきませんでした）。

この日にお会いしたのは、田舞社長、宮田本部長、平田料理長、神澤店長、内山さん、そしてこの実践学習を担当してくれた横山稚さんでした。これまでの実践学習では、こんなにも大勢の社員とお会いすることはなかったですし、ましてや社長が直々にご挨拶をしていただけるなんて、とてもビックリしたと同時に、「しっかりやらないといけな

キックオフミーティングで語る田舞社長

い」と身が引き締まる思いがしました。

この実践学習の目的は、「〝音羽ＤＥＬＩ〟にしかない商品」を提案し、開発することでした。そのためには、まずは株式会社音羽について知る必要があったわけですが、このミーティングでは田舞社長が、新業態で新たな挑戦である「音羽ＤＥＬＩ」を通して何を届けたいと思っているのかについて熱く語られていました。

抱いた疑問

田舞社長の話を聞きつつ、私は疑問を抱きました。なぜ、格式の高い高級なおすし屋さんがテイクアウト専門店である「音羽ＤＥＬＩ」をオープンしたのか、と。しかし、この疑問はすぐに解消されました。

「中食（お惣菜を自宅や職場等に持ち帰り食事をするスタイル）の需要が高まってきているため、近年の動向にも乗っていく必要があると判断し、チャレンジしていきます」という話でした。

さらに、「今までの音羽グループの需要としては、人生の節目・ハレの日の需要が多く、日常に取り入れていただける中食の商品開発は初めてのチャレンジでしたので、令和の感性をもっている大学生のみなさんとともに『音羽ＤＥＬＩ』にしかない商品を考えていきたい」と話されていました。

店舗見学で思った、素直すぎる感想と焦り

老舗の格式高いおすし屋さんが展開する「テイクアウト専門店」で、技術も味も変わらずに美味しいお弁当やお寿司が食べられるなら、多くのお客さまが来店されるのではないか、と私は思っていましたが、実際にメンバーと一緒に店舗見学に行き、立地や並んでいる商品を見て、生意気にも、売り上げが伸び悩んでいる理由が何となく分かったような気がしました。

その理由とは、すべての商品が美味しそうなのですが、どれも「ありきたりすぎる」という点でした。たとえば、産地にこだわっただし巻き卵や巻き寿司、唐揚げ弁当や西京焼きのお弁当など、スーパーで売っていそうな一般的な商品が並べられていました。一般的な商品でも、味や格が違うという点で差別化を図っていたと思うのですが、その「魅力」が十分にお客さまに「伝わっていない」こと、そして店舗内の様子が見えにくいため、ターゲットとしている若い女性世代や共働き世帯が「入ってみたい」と思わないというのが率直な印象でした。

飾り気のない店内（店舗見学時）

プロジェクトのメンバーとも、「食べたら絶対美味しいのは分かるけど、わざわざここに来て買いたいと思う商品ではなかったよね」というような感想を帰り際にしていました。また、車通りが多くて危険で、駅からも少し離れている立地となっているため、わざわざ行きたいと思ってもらうにはかなり「ヒキ」のある、差別化された商品アイデアが必要だと感じました。

実際に「音羽ＤＥＬＩ」で売られている巻き寿司をいただいたのですが、上品な味付けで、本当に美味しく、感動したことを覚えています。それだけに、「株式会社音羽」が従来からもっている魅力に合わせて、食べる前に手に取ってもらえるための工夫がそれぞれの商品に必要ではないかと考えました。

このような印象から私たちは、「音羽鮨」がもつ技術を生かして、ほかのお店にはない「ヒキ」のある商品アイデアを考えることになりました。

心が折れかけた街頭インタビュー

私たちはまず、お客さまがどのような印象をもっているか、どんな商品を求めているのかを調べることにしました。そのため、最寄り駅となる苦楽園口《くらくえんぐち》駅（阪急甲陽線）を利用するみなさんへ二回、合計七三名に対して街頭インタビューを行いました。

苦楽園口駅は、一つ先となる夙川駅よりも小さい駅で、静かで和やかな雰囲気が漂い、富裕層が多く住んでいる地域にふさわしい駅です。踏切を渡るとすぐに夙川《しゅくがわ》が流れており、川沿いにはたくさんの桜の木が植わっているので、春になるととてもきれいで、情緒あふれる桜の道になるだろうと想像していました。

まずは、好きな食べ物や主食、よく食べるお料理のジャンルや主菜から尋ねて、徐々に「音羽ＤＥＬＩ」の印象やお弁当・お惣菜の分量、見た目、栄養バランス、お惣菜の珍しさなどを聞いていきました。また、購買目的、情報の入手の仕方、購入品に対して気になる点やあって欲しいものなどを、聞ける範囲でインタビューを行いました。

なお、駅前でのインタビューでは、そもそも「音羽ＤＥＬＩ」を知らない方もいらっしゃるかもしれないと想定し、商品と価格が書かれたメニュー表を用意していました。

街頭インタビューというのは初めての経験だったため、担当教員である本田一成先生から街頭インタビュー、つまりリサーチの方法を伝授していただきました。本田先生からお聞きしたなかで一番印象的で、なるほどと納得したのは、「自分の意見を言うために自分から離れる」という教えです。最初はどういう意味か分かりませんでした。しかし、リサーチを行うということは、通行人や来店されたお客さまの本当の声や困っていることを聞き出すということなので、「インタビューアーが思っている答えや考えに導くように聞き出すことではない」と説明してもらうと何となく理解できました。また、自分が提案するアイデアにこの調査結果を最終的に生かすためには客観的なデータが必要とされるため、「自分から離れること」がさらに大事であるということも分かりました。

インタビューの内容はメンバーと相談して考えました。一〇人のメンバーがいたので五人ずつに分かれ、私ともう一人がチームリーダーとなり、それぞれのグループでインタビュー項目を考えました。私のチームは、同学年が四人、一つ下が一人だったので、オンラインで打ち合わせをして項目を相談するときは、後輩が意見を言いやすいような関係性と場の空気感がつくれるように意識しました。たとえば、「○○さんは、ほかにどんな聞き方をしたらいいと思う？」といったようにです。

また、効率のよい打ち合わせができるように、あらかじめ各自で項目を考えて、打ち合わせの初めに考えてきた項目を全員が発表し、それに肉付けしていくような感じでインタビュー項目を決めていきました。

たとえば、あるメンバーが「お弁当を買うならどれぐらいのサイズがいいか」という質問を考えてきてくれたときには、別のメンバーが、「人に

駅前でのインタビュー

よって『おかず多め』とか『ご飯少なめ』って違うから、統一するためにも参考画像を見せたらどうかな」といったように、質問項目にある言葉の具体化を図ったわけです。

私たちのグループはこのようにして質問項目をまとめていきましたが、もう一つのグループが考えてくれた項目と擦り合わせて、無事にインタビュー項目ができ上がりました。

基本的には質問項目は見せずに、その人が買った背景ストーリーを聞き出すこと、可能な範囲でメモを取ること、項目に対して「お肉もお魚も好き」と言われても一つに絞ること、などといった本田先生からのアドバイスを頭に入れて、少し緊張しながら、腕章をつけてインタビュー当日を迎えました。

店舗前でインタビュー開始

私は、店舗前で利用された方にインタビューを行いました。一一月初旬、少し肌寒いなか、店舗前でインタビューの待機をしていたのですが、全然お客さまがいらっしゃらなくて正直ビックリしていました。こんなにも人が来ないのか、と。

二時間ほど待機していましたが、寒いだけなので、店舗前を歩く人に積極的に声をかけてみました。それでも、三名ほどしか話が聞けず、「まずいなー」と正直思いました。なぜなら、商品開発を行うにあたっては、「消費者の声やニーズを聞き出すという市場調査が鉄則である」とマーケティングの授業で学んでいたからです。

また、駅前でインタビューする人よりも店舗に足を運んでくるお客さまのほうが「音羽ＤＥＬＩ」のことを知っていて、いわばファンでもあるわけですから、できればたくさんの声を集めたいと思っていたので、どうしたらいいんだろうかと、メンバーや担当の横山稚さんとともに一生懸命考えました。最終的には、店長にお願いをして、休日にもう一度インタビューを行い、なんとか一三名から回答を得ています。

買ったお弁当を早く食べたいと思っているお客さまに店頭でインタビューをするわけです。言うまでもなく、とてもハードルが高く、かなり心苦しく思いました。しかし、こちらの意図をしっかりと伝え、急いでいる雰囲気の人には手短に、できるだけ楽しそうに話をするなどの工夫をしていると、「頑張ってね！」と言ってくださる人もいて、とても嬉しかったことを覚えています。初めての経験でしたが、振り返ると「いい社会経験だった」と思います。

ちなみに、駅前で行っていたメンバーも、苦戦したものの、楽しかったようです。後日、駅前でインタビューをしていたメンバーにそのときの心情を聞いてみたところ、次のように話していました。

「アルバイトとかで声掛けをしているから慣れていたけど、声掛けのハードルは高くて、やっぱりスルーされると悲しかった。けど、話してくれる人は優しい人ばかりでインタビューがはじまると楽しかった！」

また、「音羽鮨」が昔から苦楽園口《くらくえんぐち》駅にあることや、地域住民には知名度があること、武庫川女子大学のＯＧがたくさんいらっしゃって応援してくれていることなども分かり、面白かったとも言っていました。

主食はお米、主菜は魚、量は少なく種類が豊富なお弁当がほしい

総インタビュー数は一〇〇に満たなかったのですが、参考になる声はインタビューから見えてきました。たとえば、三〇代～七〇代の方は、主食は「お米」で主菜は「魚」という人が多いこと、今の「音羽ＤＥＬＩ」の商品を見て、栄養バランスや分量はよいと思うが、「楽しさや珍しさ」をあまり感じていないこと、中食は「スーパー」で買う人が多い、「音羽鮨」の認知度は高いけどテイクアウト専門店のことはあまり知られていないことなどが分かりました。

なかでも印象的だったのは、「一人用や少なめのお弁当が欲しい」という意見と、「量が少なくて種類が豊富なお弁当が欲しい」という女性からの意見です。また、メニューに対しては、「見たことがある、普通のメニュー」という意見も印象的でした。

これらの傾向から、①ターゲットは三〇代〜五〇代の女性　②量は少ないけれど、たくさんの種類のおかずが入っている、③華やかで、ちょっとしたご褒美を感じられる、という三つの軸を据えて、私はお弁当のアイデアを考えていきました。

コンセプトは「食べるのがわくわくする音羽DELIらしいお弁当」

先ほどのインタビュー調査から得た三つの軸に加えて、トレンド研究から健康思考や環境にも配慮した商品がいいということ、そして、女性向きのお弁当は彩りを意識して、おかずのスペースを大きくするほうがよいと分かりました。もちろん、デパ地下へも足を運び、どのようなお弁当が売られているのか、美味しそうと思えるのか、一番売れているお弁当の特徴は何かを探っていきました。

いろいろとアイデアは出てくるものの、普段お弁当をつくらないために料理にかかる手間も分からず、アイデアをまとめるまでにかなり時間がかかり、難しかったです。母からもアドバイスをもらいながら、かつて田舞社長が話していた、「ターゲットとする顧客の状況や場面をイメージし、イメージしたターゲットのお客さまが考えた商品を購入して、食べて喜んでもらえるまでのストーリーを描く」ことからはじめてみました。

ターゲットの年代に加えて、「少ない量でたくさんの種類が入っているお弁当」を求めている声が多いことを反映して考えました。また、「音羽ＤＥＬＩ」の近くが兵庫県のお花見の名所として知られている「夙川《しゅくがわ》河川敷緑地（夙川公園）」であったため、ここととリンクさせることも考えました。私が設定したストーリーの骨子は以下のようなものです。

・三〇代～五〇代の女性が友達と近くの公園でお花見をする。
・お花見当日のお昼前の交わされる会話。
「ほかのスイーツも食べたいから、お昼は少量がいい」
「せっかくだから可愛いお弁当がいい」
「いつもより少しお高めのお弁当を買おうかな」
・お花見会場に向かいながら、「ちょっとしたご褒美感のあるお弁当がいいな」と探している。

このようなストーリーをイメージしたほか、調査結果から、女子大生らしいおしゃれな可愛さがあり、一口サイズで、外でも食べやすい、そしてデパ地下ほど高くはないが満足する美味しさを実現するためのお弁当を考えました。その内容は以下のとおりで、提案価格を一一〇〇円としました。

❶海鮮ミニ押し寿司

❷魚と豆腐のハンバーグ
❸青菜のお野菜、お漬物
❹卵焼き
❺オプションとして、魚のあらを使ったおすまし

押し寿司にした理由は、いくつかあります。まず、スーパーではなく、おすし屋さんが経営しているお惣菜屋さんに来ている時点で、「お寿司」も食べたいと思っている顧客が多いはずと推測しました。また、押し寿司は淡路島の郷土料理なので、大切にしたい「伝統」の部分も含みやすいと考えました。

一口サイズにすることで、外でも食べやすく、成形やトッピングもしやすいので、流行りの丸型や真四角型に成形してトッピングで可愛くつくりやすいうえに、女子大生とのコラボらしさも表現しやすいと思ったので提案しました。

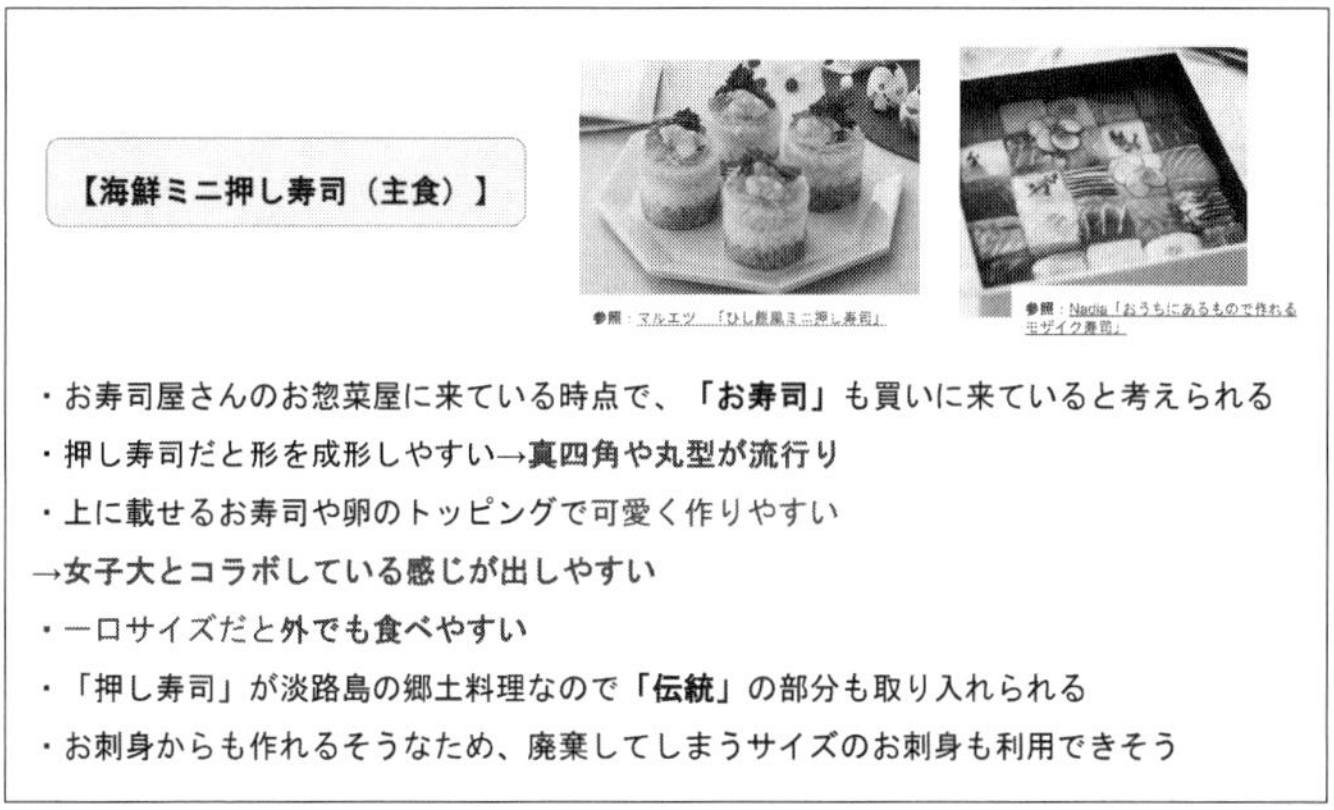
【海鮮ミニ押し寿司（主食）】
・お寿司屋さんのお惣菜屋に来ている時点で、「お寿司」も買いに来ていると考えられる
・押し寿司だと形を成形しやすい→真四角や丸型が流行り
・上に載せるお寿司や卵のトッピングで可愛く作りやすい
→女子大とコラボしている感じが出しやすい
・一口サイズだと外でも食べやすい
・「押し寿司」が淡路島の郷土料理なので「伝統」の部分も取り入れられる
・お刺身からも作れるそうなため、廃棄してしまうサイズのお刺身も利用できそう

アイデアを発表する資料として使用したスライドの一枚

魚と豆腐のハンバーグは、健康志向の人にも食べてもらいやすいおかずにしたいと考えたからです。また、こだわりの豆腐や音羽鮨＝魚の印象があることを強みとして捉えることで、他店舗との差別化を考えました。

青菜のお野菜、お漬物は、インタビュー調査やトレンド研究で「彩りや栄養バランスを取り入れて欲しい」とあったため、お弁当のバランスを保つために含みました。そして、卵焼きは、もともとこだわった卵と出汁《だし》を使って「音羽鮨」がつくっていた商品であったため、その「こだわり」をアピールすることが必要だと考えたからです。最後に、魚のあらを使ったおすましは、ほかのお惣菜屋さんやコンビニ、スーパーと差別化できると考えたこと、そして美味しい魚を扱っていなければできない料理であると思ったからです。また、既存メニューに汁物系がなかったため、あえて提案させてもらいました。

値段の一一〇〇円は、私にとっては少し高めだと思っています。インタビュー調査でも、販売していた「にぎり寿司九貫」が一〇八〇円、「だし巻玉子のお弁当デラックス」が九八〇円といったメニューを見て、「量が少ないわりには少し高い」という意見が多かったです。一方、土地柄か、「価格はちょうどいい、価格が安すぎると素材が心配」といった声もあったため、少し量を増やして、価格をやや高めに設定しても買ってくれる人はいるだろうと考えました。

私たちの世代からすれば、外食のランチであれば一一〇〇円だとお得な感じがしますが、お弁当だと少し高いと感じるでしょう。そのため、あまり頻繁には買わないと思いますが、お花見という特別なシーンや値段に相当する華やかなお弁当なら「出せる値段」だと思いました。さらに、「音羽鮨」には「老舗の高級鮨屋」というイメージがありますので、価格を安く設定しないことでブランドイメージを下げないということにも配慮しました。

アンケート結果の「少し高い」という声を鵜呑みにして値段を下げてしまうと、料理のクオリティーが下がってしまい、「思っていたよりも美味しくない」という感想にもなりかねません。老舗の高級鮨屋に対して抱くお客さまの期待を裏切ってしまい、「音羽鮨」のブランドイメージが下がるだけでなく、顧客が集まらなくなり、ほかの事業にまで影響を及ぼすことになるといった危惧も考えられます。これらを避けるためにも、これまでの商品よりも高めに設定するべきだと考えました。

もちろん、原価計算などはまったくしていませんが、「感覚的な金額を提示して欲しい」という要望でしたので、一一〇〇円と提案しました。

最後に、プロモーションについては、お花見を連想させるような広告写真や店内ポップをつくること、キッチンカーでの販売、Instagramでの発信を提案しました。

私が初めてお店に伺ったときの印象、つまり「何が売ってあるのか分かりにくい」、「入りたいと思わない」という印象から脱却するために、まずは「お花見のシーンを想定した商品が売られていますよ！」と宣伝することで目に留まると思いました。

今回の場合、「お花見」をテーマにしているため、パステルカラーのピンクや黄色、白を基調とした春っぽいおしゃれなチラシや広告をすることで興味を引いてもらうという作戦です。また、ターゲットを若い女性客としていますので、はやりのキッチンカーで販売したり、ターゲットに合わせてInstagramでの発信を強化したりして、認知度を向上しようと考えました。ちなみに、キッチンカーやInstagramでの発信を行っていると地域メディアの目にも留まりやすいです。それによって、地域住民の目にも触れやすくなると考えました。

提案したメニューも、プロモーションも少しありきたりで、現実的すぎるかなと思いながらも、プレゼン資料を提出する前日に仕上がったものですから、このデータをもとにして考えた、論理的な提案をしようと腹をくくって本番を迎えました。

店内も、お花見を連想してもらえるような飾り付けに

自分の苦手なことと得意なことが分かったアイデア提案プレゼン

これまで長々と綴ってきた、私なりに考えた案を、一〇分以内で提案するという本番の日がやって来ました。プレゼンには、田舞社長をはじめとして一〇人弱の社員が来られていました。こんなにも大勢の社員のみなさんが、大学生が一人で考えた案を受け入れていただけるのか、そもそも聞いてくださるのか、と不安感を抱いていました。

プレゼンがはじまり、ほかのメンバーが行う提案の様子を聞いていてふと思ってしまいました。

「もっと画期的なアイデアにすればよかった」と。

そして、悟りました。

「私は、斬新な商品アイデアを考えることにあまり向いていないな」と。

たとえば、当時はやりだった瓶に丼が詰められた「瓶ドン」や、缶にケーキが詰められた「ショートケーキ缶」をモチーフにした、桜を連想させるちらし寿司である「桜瓶」

ほかのメンバーが行ったプレゼン

を提案していたり、稲荷寿司の上にエビやアボカド、サーモンなどの具材を乗せている「オープンいなり寿司」、子どもが喜んで食べてくれそうな、クマさんの形をしたハンバーグ「くまさんバーグ」などがありました。

これらの提案がされたとき、田舞社長は心からよいと思っているようでしたし、料理長も「僕もデパ地下で見たことあって、いいなと思っていました」などのコメントをされていたので、きっとこれらが採用されるのだろうと、弱気になりながら自分の出番を迎えました。

もっと考えればよかったという後悔の念と、あまりよいコメントは期待できないなと思いながら、負けず嫌いな私は考えてきたことを全力で、要点を押さえて伝えました。

筆者のプレゼン

講評は予想どおりの反応でしたが、「すべてのアイデアに根拠があって、理論づいていてよかった」という意見や、「女子大学らしさがアイデアに入っていてよかった」、「ほかの商品も食べたい、という女性目線の気遣いがあってよかった」など、時間をかけて考えてきたプロセスに対してお褒めの言葉がいただけました。

なかでも印象的だったのは、「少ししか提供していない情報を最大限に生かせてもらえて嬉しかった」というコメントでした。

このコメントをいただいたとき、私は斬新なアイデアをひらめくというのは苦手だけど、与えられたり、調べて手に入れた情報の背景まで想像しながら、これらを最大限に生かして、根拠をもって説明することは得意だと気付きました。

また、最初に抱いていた「そもそも話を聞いてもらえるのだろうか」という不安は、発表するころにはなくなっていました。なぜなら、田舞社長はすべての学生からの提案を、メモを取りながら熱心に聞いてくれていましたし、社員の方も必ず講評やコメントを一人ずつに対してしてくれたからです。

このような経験もあり、就職するなら、「音羽ＤＥＬＩ」の社員の方々のように学生の意見でもきちんと聞き、双方向のコミュニケーションができる企業に入りたいとぼんやり考えるようになりました。

提案した一〇人のアイデアすべてが商品化——テーマは『十人十彩』

年が明けて、二〇二二年一月。私たちが提案したアイデアが実際に商品化され、販売される前の試食を行う日がやって来ました。前述したとおり、私の案は採用されていないだろうな……と思いながらも、ほかの人のアイデアが実際につくられて、食べられることにワクワクしながら教室に向かいました。

お料理が届く前にオープニングのご挨拶があったのですが、そこで、社長からびっくりする言葉を聞くことになりました。

「全員分のアイデアを詰め込んだ品を一〇品つくりました！」

事前に、「よいアイデアを商品化しても五品」と聞いていたので、本当にビックリしましたし、とても嬉しかったです。言うまでもなく、一人としてがっかりすることがなかったからです。私たち学生が本気で取り組み、真剣に考えてプレゼンを行ったから、その熱意が伝わったんだろうと思いました。

お料理が届くと、再びビックリです。予想していた以上に美味しそうで、鮮やかで、可愛くて、キラキラしていたからです。料理長から一つずつお惣菜とお弁当の説明がありましたが、一〇人のアイデアをぎゅっと詰め込んで仕上げてくれたことが分かりました。

試食会では、味付けや見た目、容器、量、価格などをさまざまな角度から見て考えて、より良くするにはどうしたらいいかを意識し

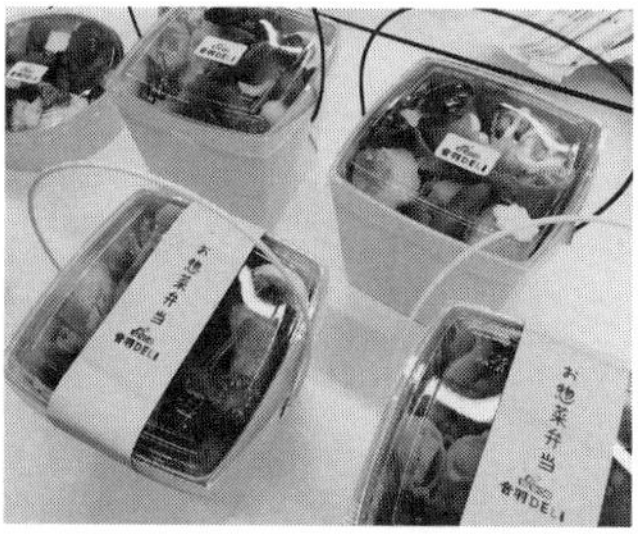

並べられた試作品

試作品の説明を料理長より聞く

ながらいただきました。すべて美味しかったので、具体的に何を指摘したのかは忘れてしまいましたが、見た目の面では、「二段弁当のほうは、おかずが上の段に見えるほうがワクワクするし、見栄えも映えていい」とか、「丸い容器はシールで、四角い容器は帯のほうが高級感が出ていい」といったようなことを書いたと思います。

また、名称や販売ポップの案に関しては、「『おにぎり』よりも『おむすび』のほうが可愛くていいな」とか「『夙川《しゅくがわ》』を、せっかくだったら入れたいな」と提案したり、「販売ポップは必ずお花見を連想させるような、たとえば桜を飾ったり、ピンクやパステルカラーで春を演出してほしい」などの意見を出しました。

この試食会は、今までの努力が報われたと思うほど楽しい時間でして。もしかしたら、料理長の苦労を聞いたから余計に美味しく感じたのかもしれません。そして、実際に販売されるということを考えると、より幸せな気持ちでいっぱいになりました。

ちなみに、この試食会で一番楽しそうにしていたのは本田一成先生でした。

「夙川花桜BOX　Lunch てまり」。「音羽DELI」近くの公園にて

販売開始――メディアだけでなく、地域の方から感謝の手紙

二〇二二年三月一〇日、私たち学生と「音羽ＤＥＬＩ」の料理長やスタッフの方々の努力が詰まったお弁当とお惣菜の一〇品が販売されました！

用意していただいた販売ブースはとても可愛らしく、満開の桜の下でお花見をしたくなるような飾り付けをしてくださっていました。私たち学生の紹介や顔が映った写真、手描きのポップも添えてあり、外観にも、スケッチ風でお弁当やお惣菜が描かれたチラシの拡大広告が掲げられていました。実際に、私も友人と一緒にお花見をしようと、お店へ足を運んでお弁当を買いに行ったのですが、初めて伺ったときの印象とは大違いで、店内は一気に明るく、華やかになっていました。

発売日、お店がオープンして早速、「チラシを見て来ました」や「母校なので気になってきました」といった地元のお客さまがたくさんいらっしゃったそうです。お昼に私が買いに行ったときには、すでにあまり商品がなくて、多くの方々に手に取っていただけたんだと嬉しかったです。また、武庫川女子大学のＯＧの方も多く、後輩となる私たちの活動を気にかけてくれている様子を実感することができました。

発売開始から数日後、素敵なお手紙が大学の事務室に届きました。それは、地域住民からの感

店内に置かれた紹介ボード

実際に販売されたお弁当

店の前に幟と看板

謝のお手紙でした。以下がその全文です。

武庫川女子大学経営学部　音羽ＤＥＬＩと
コラボされた皆様へ

とても美味しい春のお弁当を企画してくださり有難うございました。大変嬉しくいただきました。

主人が亡くなってから大好きだった料理も自分の為にはしなくなりました。時折惣菜を買ったりもしますが、慣れてしまったり、味が濃かったりして食事が楽しめません。季節感も無い毎日です。

先日、新聞の折り込みにチラシを見つけ、とっても美味しそうなイラストで是非食べたいと思い、昨日音羽さんまでバスに乗って行きました。一人なのに夙川花桜の「おむすび」と「てまり」のＢＯＸ二つ買って、昼と夜にいただきました。味はとても上品で季節感いっぱい。食べたい物が少しずつ入っていて本当に良かったです。ありがとうございました。幸せな気持ちになりました。また企画をお願いいたします。皆様頑張って下さいね。

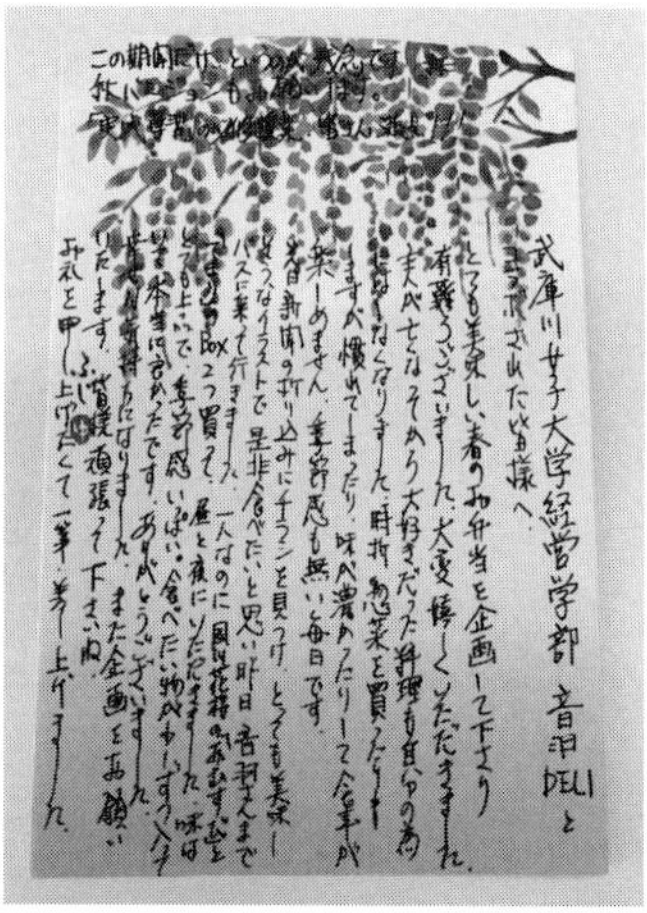

届いた手紙

お礼を申し上げたくて、一筆差し上げました。
この期間だけというのが残念です。また秋バージョンもお願いします。
「実践学習」の必修授業、皆さん満点!!!

とても感動して、私はうるっ、、、としてしまいました。こんなにも喜んでくださる人がいたんだという驚きと、武庫川女子大学のOGでもない地域の方から、匿名で一筆が届くなんて想像もしていなかったからです。大変だったけど取り組んでよかったなという達成感と、ここまで仕上げてくださった「音羽DELI」のみなさまへの感謝の気持ちでいっぱいになりました。

また、折り込みチラシには、このコラボ企画が「実践学習」という必修授業であるということまでは書かれていなかったはずなので、きっと調べてくれたのでしょう。コラボ商品を通して私たちに興味をもってくださり、私たち学生の活動を応援してくださっているんだろう思うとさらに嬉しくなり、これからも頑張ろうと思いました。

この手紙がきっかけとなって、年配の方にも喜んでいただける商品になっていたのだと気付きました。確かに、スーパーに行った際に、お惣菜売り場でよく年配の方を見かけることがありますし、私の祖母たちも「一人や二人のために腕を奮って料理をすることや、食事を楽しむことが少なくなった」と話していました。お手紙をくれた方のように、季節が感じられず、食事を楽しめていない年配の方が多いと思います。

私たちは若い世代のお母さんたちをメインターゲットにしていましたが、どの世代でも、多くのおかずが少量ずつ入っていて、季節感が味わえる上品な味付けがされたお弁当を食べたくなるのかもしれません。

その後も、大学と「音羽ＤＥＬＩ」のホームページに加えて、西宮市内のローカル通信や西宮経済新聞、神戸新聞など、合わせて六つのメディアから取材を受けました。また、人気となったためか、発売期間が当初の予定から二週間も延長となり、四月いっぱいまでみなさんに購入していただきました。

一日限定でしたが、大学での学内販売も事前予約と当日販売を行う形で一〇〇食以上が販売されました。学内販売の売上実績としては、一日の最高売上だったそうです。

もちろん、友人や家族にも食べてもらっています。

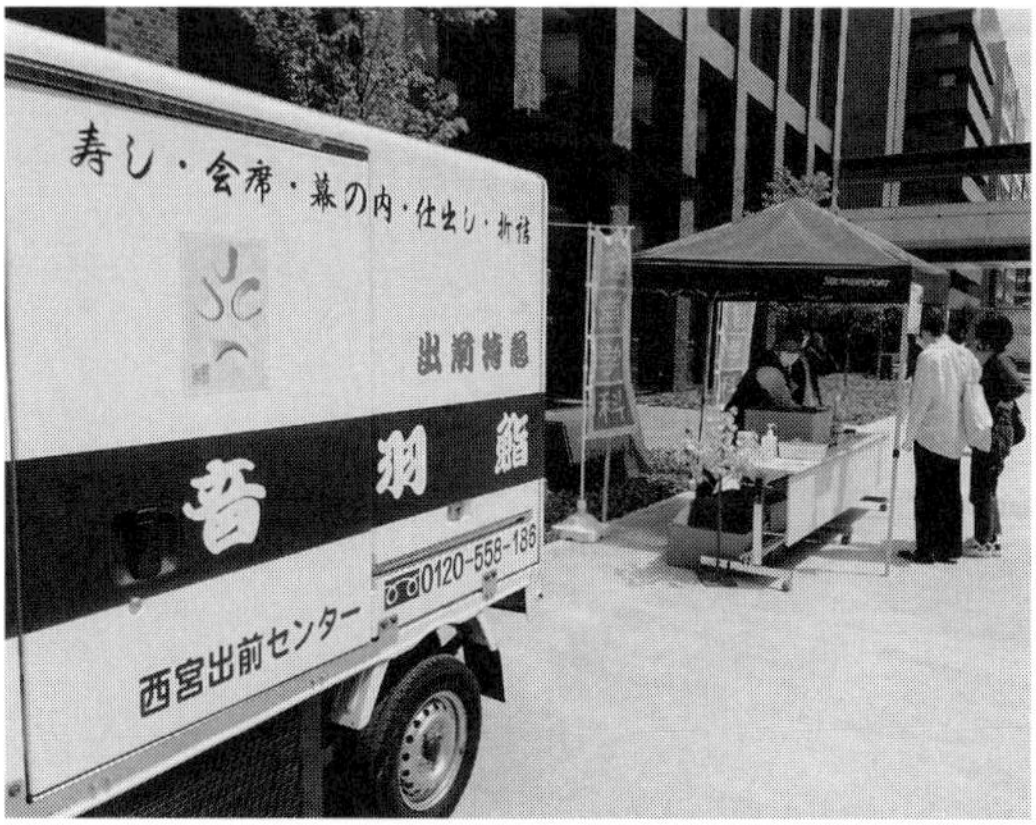

学内販売の様子

家族からのコメントを紹介しておきます。

「少し高く感じられたが、ご飯が色とりどりで、桜をモチーフにしていたものが見ていても楽しかった。桜の香りや菜の花の香りがして食べても美味しく、春を感じられた。おかずがおしゃれで今時だったけど、若い世代だけでなくどの世代の人が食べても食べやすい味付けと量と華やかさだった」

ある友人は、何と全種類を買ってくれました。その友人のコメントも紹介しておきます。

「すべて、彩りも味も想像以上ですごくおいしくて、それぞれの商品が購入した人の食べるシーンを想定した容器になっていて、工夫されていてよかった。買うために選んだときは目で楽しませてくれて、食べているときは一つとして同じ味がなくて、最初から最後まで楽しませてくれるお弁当だなと思った。季節ごとに出して欲しいぐらい美味しかった」

ほかの友人が絶賛していたのは「オープン稲荷」で、エビとチーズとアボカドといった洋風なネタが受けたのだと思います。容器も紙ベースだったため、「温もりと優しさが感じられてよかった」と絶賛してもらいました。

インタビューを行って地域の方の声を調査し、学生ならではのセンスとアイデア、そして「株式会社音羽」の長年の経験とスキルがあったからこそでき上がった商品だと改めて感じました。

「株式会社音羽」の社長と社員の方々との本音トーク

ここまで、私が経験してきたことや私自身の感想、考えを記してきました。読者のみなさんのなかには、企業側の意見や反響はどうだったのか、と気になっている人もいらっしゃることでしょう。私たち学生も、商品化され、販売されてからはかかわることがなくなり、実際のところ、地域への認知度向上に貢献できたのか、どれぐらい売れたのか、会社側の苦労ややりがいはあったのか、そして私たち学生のことをどのように思っていたのかなどについて尋ねる機会がありませんでした。そこで、本書の執筆を機に、「株式会社音羽」の田舞社長や、当時担当してくれた横山稚さん、宮田営業本部長、新井店長、平田料理長にご協力いただき、お話をうかがうことにしました。

横山稚さんは学生とのコミュニケーションをもっとも取ってくださり、「音羽ＤＥＬＩ」と学生の架け橋のような役割を担ってくれました。宮田本部長は、最初に実践学習に興味をもってくださり、このプロジェクトがはじまるきっかけをつくられた人です。新井店長は、兵庫県西宮市苦楽園口《くらくえんぐち》にある「音羽ＤＥＬＩ」の店長で、平田料理長は私たちが提案した無茶なアイデアをお弁当やお惣菜として実現し、商品にしてくださった人です（九六ページの写真参照）。

インタビューは約一時間という短い時間でしたが、とても有意義な時間となりました。「そうだったんだ」と初めて知ることも多く、改めて、大変な苦労のなかで仕上げてくださったんだと感謝の気持ちがあふれました。

私が一番疑問だったのは、なぜ武庫川女子大学の経営学部との実践学習を受け入れたいと思ったのか、ということでした。西宮市内には多数の大学があり、ほかの大学の経営学部でも商品開発を行っていたからです。また、「音羽ＤＥＬＩ」の店舗があるところは他大学のほうが近いので、わざわざ阪神沿線にある武庫川女子大学を選ばれた理由を知りたかったのです。

これについて田舞社長と宮田本部長は、大きく三つに分けて理由を教えてくれました。

一つは、「地域密着を戦略としているため、同じく地域に根差した活動を積極的に行っていて、地域ブランドが強い武庫川女子大学さんと一緒に何かお取り組みができたらと思っていたから」という理由だそうです。

武庫川女子大学は「日本一」学生数の多い女子大学で、約九〇〇〇人の学生がいます。また近年は、他学部でも企

上段左から、平田料理長、新井店長、宮田本部長、田舞社長。下段左から、横山稚さん、玉垣、横山さん

業とのコラボ企画があったり、地域の方との活動を活発に行ったりもしています。このように、双方とも地域に根差した歴史とご縁に価値を感じているというところが今回のプロジェクトにつながったのだと思います。

武庫川女子大学について少し紹介すると、本学は一九四九年に校祖・公江《こうえ》喜《き》市郎《いちろう》（一八九七〜一九八一）が創設してから、高等学校、中学校、大学院修士課程、幼稚園と創設してきました。もっとも多くの学部が集う中央キャンパスだけでなく、薬学部のための浜甲子園キャンパスや、建築学部がある上甲子園キャンパス、そしてアメリカにも分校をもつなど六つのキャンパスで学びの場を提供しています。

学部も、文学部だけでなく音楽学部、薬学部、健康スポーツ、経営学部など、二〇二三年四月には一二学部一九学科もある女子総合大学になっています。このように八〇年を超える歴史があるので地域ブランドは強いだろうな、と改めて気付きました。

二つ目と三つ目の理由は、「女性ならではの考え方やセンスを学びたいと思ったから」と「マーケティングについて一緒に勉強したいと思ったから」だそうです。

マーケティングについての知識を学ぶためにはたくさんの書籍がありますが、私は得た知識を実践的に行い、学ばなければ理解しづらい学問だと思っています。一年生のときに基礎を学ぶのですが、そのときは表面的にしか分かっておらず、実践学習やゼミ活動で知識を生かして活動することで少しずつ理解できるようになりました。それだけに、社長や本部長から発せられた理由にはとても共感しました。

インタビューのなかでもっとも印象的だったのは、「実践学習のなかで大変だったこと」と「貴社にどういった学びがあったのか」について話をしてくださったときです。前者については、田舞社長も平田料理長も口をそろえて、「一〇品とも商品化することだった」と話してくださいました。とくに「シフォンケーキ」は専門ではないので、「僕がつくってもいいのかと、最初は思っていた」と平田料理長が言っていました。

一〇人分のアイデアをすべて商品化するんだという田舞社長の熱い思いと、私たち学生と交わした「商品化します」という約束を果たすために、ほかのお店の商品を食べ歩いてみたり、お寿司屋さんらしく米粉を使ってみたりと、何度も試作を繰り返すうちに「脱グルテン」の商品になっていると気付かれ、最終的には「楽しくなって、前向きに取り組む」ようになったそうです。

苦労話をしていたときの平田料理長は、時折苦笑いをしながら当時

インタビューの様子

シフォンケーキ

を思い返して話をしてくれましたが、その時期を乗り越えて商品ができ上がったころの話になると、自信に満ちあふれたような、達成感を得られたのだろうなと分かるほど、生き生きと話されていました。

平田料理長ご自身も、「シフォンケーキをつくったからこそ、新しいことにチャレンジする気持ちや、料理人としての自信をもつことができた」と話されていました。また、「和食でケーキはできないと思っていたけれど、シフォンケーキができたので次は野菜ペーストを使ったロールケーキができるかもしれない」と意気込んでおられました。

生意気なことですが、私はこのような話を聞きながら、実践学習というのは、学生だけでなく、受け入れた企業側も成長する機会となり、自信を与えているんだと気付き、とても印象深かったです。

次に、「貴社にどういった学びがあったのか」のについて田舞社長にうかがってみました。すると、私の予想を上回るぐらい大きな学びがあったと話してくれました。

筆者　先ほどお聞きした大変だったことなどもありましたが、この実践学習に取り組んだことで、貴社には何か学びや変化などはございましたか？

社長　もちろん、たくさんあったんだけど、苦労したこの延長で我々が一番学び得たことはね、かかわった社員、メンバーの意識が大きく変わったこと。だから、二年目の企画にもつながっているしね。

（ほかの社員、みなさんが大きく頷く。）

筆者　えっ、そんなに変化があったんですか？　具体的に、どのように変わったのでしょうか？

社長　たとえばね、去年の試作段階で初めて調理師が見せに来たとき、実はとやかくいろいろと言ったんですよ。「こんなもの、全然学生さんの意図をくみ取って商品化してないやろ。もっと学生さんに『うわぁ！』って喜んでもらえるような商品つくったらどないや」って。こんなところからはじまったんです。

筆者　そうだったんですね。

社長　でも、二回目である今年（二〇二三年）、同じように試作を初めて見たときはね、「うわ、やっぱ人って成長するんやな。本当にスイッチの入れ方次第で、できる商品変わるんや」と思いました。きっと、去年から今年にかけて、料理長や店長の武庫女さんにかける思いが増してるからやと思います。二年目を迎えて、人が育つという手ごたえ、人が成長する感覚の根っこの部分を感じさせてもらいました。

この話になったとき、社員のみなさんから次のような言葉をいただきました。

「武庫女さんとのかかわりがあったから、その後も意識的に女性社員さんの声を聞くようになった」
「真面目で一生懸命だし、職人はやっぱり今までの経験や技術を詰め込もうとしてしまうけど、若い女性ならではの、それぞれの角度の視点や感覚がいいなと学ばせてもらいました」
「かかわっていくなかで、大学や学生に対する親近感が高まるので、もっともっと関係性を深めて広げていきたい」

実は、実践学習がはじまる前は、店舗に勤務する社員の方々と田舞社長との間での熱量に差があったようです。きっと、かなり年が離れた学生を相手にすることに対する不安感や緊張があったからでしょう。しかし、一生懸命で、熱心で、義務感に追われずに取り組む姿勢や個性豊かで素直な学生とかかわっていくなかで、社員の意識やマインドが「学生の声に応えよう！」というように、前向きなものに変わりはじめたようです。

このようなことは、「二〇二二年の二回目のコラボ企画でより感じた」と田舞社長が言っていました。

また、計画当初は商品化をしても、五つぐらいが限度ではないかと考えていたにもかかわらず、一〇人分の提案を商品化することに決めたことに関しては、「プレゼンテーションで熱意や純粋さが伝わったからだ」と言ってくれています。

「プレゼンテーションを一人ずつ聞いて、分かっていたけれど、改めてデータや客観的視点、マーケティング的な目線で指摘されて、前向きに『なるほどな』と納得ができ、一人ひとりの熱意から『これは全部商品化せなあかん』とスイッチが入った」と言います。

田舞社長と平田料理長のお話を聞いて、社会人になっても学生の提案するアイデアを絶対無理とはなから思い込むのではなく、前向きに考えてみることと、とにかくやってみる気持ちをもつことが大事だと私は気付きました。また、学生でも、熱心に取り組んでいればその熱意は大人にも必ず伝わり、影響を与えることができるということも分かりました。

「学生ならではの考え方を学ぶことができた」という言葉は、ほかの企業や社会人からも聞いていましたが、「意識やマインドが変わった」とまで言っていただけたことがなかっただけに、お互いにとってよい経験ができたのではないかと思え、とても嬉しかったです。

成長を感じる

「音羽ＤＥＬＩ」との実践学習を通して、商品化するまでの流れや調査方法だけでなく、消費者が求めるような、売れる商品にするためには、その商品自体になぜ売りたいのか、どうしてこの商品を売ろうとしているのかといったストーリーを込めていく必要があると学びました。社会人になっても、常に新しいことにチャレンジし続け、田舞社長や社員の方々が熱心に学生の声を聞いてくれたように、学生をはじめとして、多くの方の声を聞いてそれを素直に受け止め、前向きに考えられるようになりたいと思いました。

二〇二二年の取り組みから二〇二三年へとつながり、第二弾は「ファンづくり」ということを課題に掲げ、夏まで「お花見」、「母の日」、「健康の日」に合わせて少しずつコラボ商品を販売していくことになりました。このように、一度きりではなく再び取り組みが後輩にも続いていくことで、人と人とのつながりや地域とのご縁が結ばれる「産学連携」は素晴らしいものだと思います。

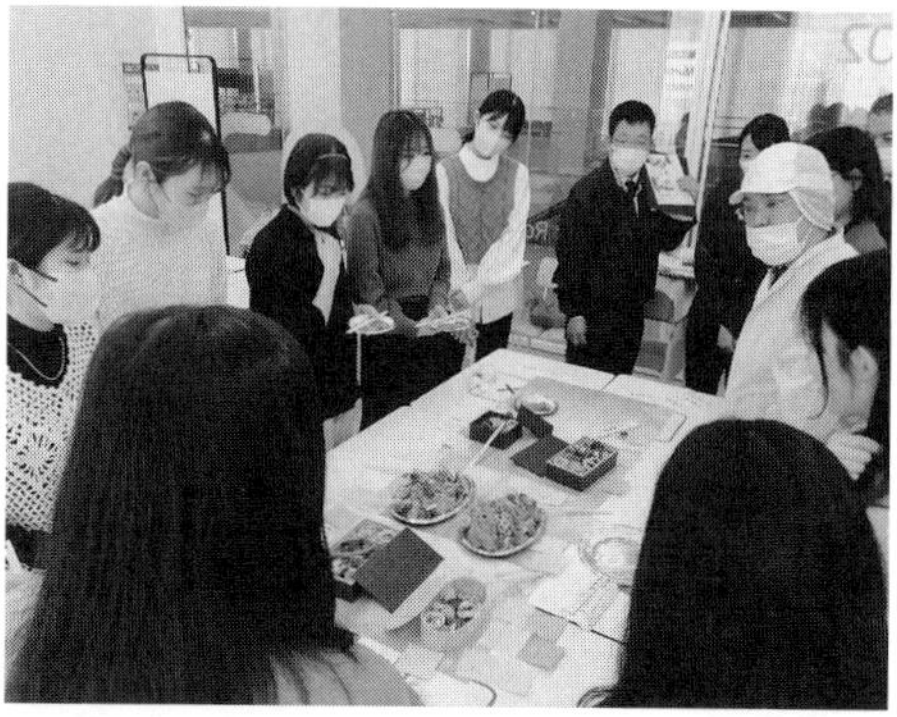

後輩たちが引き継いだ第２弾コラボ企画の試食会

大学と地域が協力し合えば地域の活性化につながります。実際、新井店長によると、今回の実践学習によって、「音羽ＤＥＬＩ」の認知度も上がり、コラボ商品の販売が終わってからも問い合わせが増えたり、女性のお客さまが増えたそうです。また、学生側の実践的な学びだけでなく、田舞社長がおっしゃっていたように、企業内意識もいい方向に変えることができたようです。

幸いにも私は、大学生の間に「実践学習」という活動を通して知識や学びを深めることができましたが、このような経験ができないという大学生も多くいると思います。私の考えとしては、日本中の大学や高校で、このように企業や地域の方と協力し合って双方に学びが得られる取り組みがもっと増えたら将来を考える視野が広がり、社会的にもよい影響があるのではないかと思います。

少しずつ増えてきているのかもしれませんが、このような取り組みに力を入れている大学に進学でき、貴重な大学四年間のなかで数多くの中身の濃い経験ができて本当によかったと思っています。とくに、中学、高校時代にボランティアをしていたわけでもなく、淡々と吹奏楽部として活動して、勉強していただけでしたが、こんなにも素晴らしい経験ができたこと、そして人間的に成長できたと思えるのは実践学習のおかげです。

「株式会社音羽」のみなさまだけでなく、ほかの実践学習でもお世話になった企業のみなさま、学生が挑戦できるプログラムを用意してくださった大学と学部、学生の取り組みを見守り、時に導いてくださった先生方や地域のみなさま、一緒に取り組み、応援してくれた友人たち、そして何事においても好きにさせてくれて応援してくれている両親や家族にも感謝します。ありがとうございました。

第２章

私の大学生活の軸を決めた実践活動

――六甲ミーツ・アート芸術散歩２０２０調査フィールドワーク

（松野莉子）

自己紹介

武庫川女子大学経営学部の松野莉子です。ここでは、本文を読んでいただくにあたって、読者のみなさまに知っておいていただきたいことを三点ほどお伝えします。のちに触れることになる内容ではありますが、実践活動と出合ったきっかけやその関係性について説明していきます。

一つ目、私は高校卒業後、一年間の浪人を経て本学の経営学部に入学しました。私のなかでの浪人とは、志望校にかなわず、どうしてもこだわりたいという「強い意志」をもった人がするものであって、自分はそこには当てはまらないと思っていました。高校時代は勉強をはじめとして人生のなかでのゆるみがたくさんあったので、浪人を決意した理由は、「人生のリセット」という面が強かったです。

　浪人がはじまってからは、以後の所属学年が異なってしまうことから孤独感を抱く日々が続きましたが、自分なりに勉強と向かい合い、浪人仲間もできました。

　そんな浪人時代、私立大学の受験料も考慮したうえで「すべり止め」を一つ設け、基本的には「国公立狙い」に絞りました。その「すべり止め」が、経営学部を新設するという武庫川女子大学です。高校時代には女子大に対する抵抗感があったのですが、経営学部を志望していた私に飛び込んできたその情報にとても惹かれ、「すべり止め」でありながらもなぜか運命を感じていました（受験時点で、「あぁ、私この大学に入学するんだろうなぁ」と漠然と感じていました）。おかげさまで、受験にも合格しています。

　一方、国公立への受験に関しては、センター試験の失敗もあって、「すべり止め」であった武庫川女子大学に入学することを決意しました。その結果、ここで紹介する「実践活動」に携わることになったわけです。

　二点目は、入学時期がコロナ禍であったことです。入学式もなければ、講義もオンラインという、想像していた大学生生活とははるかに遠いものでした。アルバイトをはじめていたので、そのお給料で一七万円ほどのパソコンを購入し、「毎日パソコンと向き合う」という日々が続きました。しかし、そんな日々に慣れることはなく、疲労の日々が続きました。こんな状態が、大学生活のはじまりとなったわけです。

三点目は、私の性格が及ぼす（及ぼした）大学生活の過ごし方です。これは、二点目のコロナ禍をふまえたことでもあります。通学に片道二時間弱かかること、大学にいる同級生のほとんどは大阪の出身であるという偏見をもっていたほか、浪人をしていたという「後ろめたさ」も手伝って、「大学ではたくさんの時間がある。何も、無理に友人をつくる必要はない。大学は一人でいても浮かない場所」というような考えをもっていました。

正直、このような考え方がプラスになったことも、マイナスに働いたこともあります（詳しい内容については、今後お話できたらと思います）。

プラスになったことは、コロナ禍によって対面の講義がない間、とくに友人関係に不安感を抱かずに過ごせたことです。その分、アルバイトなどに打ち込めたように思います。一方、マイナス点は、友人関係に焦りを感じていなかったため、対面授業がはじまったときに見かけたいくつかのグループに接して、少し寂しさを感じてしまったことです。

次では、こんな私の人生観について述べさせていただきます。

筆者

人生観

先に述べましたように、私は浪人していましたが、大学生活に期待していたのは「充実感」です。「人生の夏休み」とも言われる大学生活をどのように過ごすかで今後の人生が左右されることを、浪人時代を通して痛感し、後悔のない、充実した学生生活を送ることを目標にしていました。

みなさまが充実感を得られるものは何でしょうか。私が大学生活を充実させることについて考えていたことは、後悔したとしても納得感のある生活です。これは、大学生活というよりも私の人生観であるかもしれません。

人は、成長するにつれて選択肢が増えるとともに、負う責任も大きくなっていきます。そこで、しっかりと自分の意志で道を選び、失敗したとしても、その先に待っている行動で成長につなげることがとても重要であると感じています。だからこそ経験値が大切であり、「来るもの拒まずの精神」も時には必要であると思っています。

武庫川女子大学に「運命」を感じたという話をしましたが、私は「運命」というものを信じているため、めぐり合ったことと、出合ったことには真剣に取り組むようにしています。その一つとして、本書の出版に携われるということがあります。無名の女子大学生が、一部とはいえ、本の原稿を書いているのです。何事であれ、真剣に向き合うことでたくさんの「経験機会」を招くということが証明できているような気がします。このような価値観を養ってくれたものは何か、辿っていけば武庫川女子大学経営学部特有の「実践活動」にあったと感じています。

コロナ禍が私に与えたもの

コロナ禍は私に、健康の大切さ、時間の大切さ、効率、そして何よりも、人生は選択肢だらけであることを教えてくれました。自分の人生は自分で決める、つまり自分次第で変われるということですし、変わることのできる環境に自分はいることを痛感した日々を過ごしました。つまり、行動制限があるなかで、できることをどれだけ探せるか、またそれをどれだけ実行に移すことができるのか、すべて本人の選択にかかっていると実感した次第です。

入学式もなかった私たちには、「大学生の交友関係といえばサークル！」と言われる活動に参加するのもひと苦労でした。

当時、サークルに所属するためには、活動が行われていないなかで開催されているオンラインのイベントなどに参加する必要がありました。自分が所属したいと思うサークルを探すためには、この行動をいくつもする必要があるという事実が、私にとってはより一層の勇気を必要としたのです。また、一緒に参加するような友人づくりができていなかったため、タイミングを逃し、入りたいと思うサークルにも出合えず、サークルに入ることを諦めました。その分だけ、アルバイトやプライベートを充実させようと決めました。

講義については、オンラインよりオンデマンド（好きな時間にYouTubeなどの形式で講義を受講し、期限までに課題を提出するもの）が多かったため、比較的、時間を自由に使える状態でした。それだけに、外に出たいのに出られないというもどかしさも大きかったように思います。それを紛らそうと、ズームやライン電話を友人と行ったり、ＳＮＳを利用して画面上で数少ない友人とたくさん交流しました。

「スターバックス」でアルバイトをしていたのですが、覚えることがたくさんあり、念願のアルバイト先で早くお店に貢献したいという思いも強かったため、家で病みそうになりながら復習をしていたというのも今ではいい思い出です。とはいえ、現在、やりがいのある仕事ができているのは、このときに耐え抜き、努力したからだと、当時の自分に感謝しています。

ところで、私はマーケティングに興味をもって経営学部への入学を決めていたのですが、実際に入学してからは、マーケティング系よりも会計系の講義に面白さを覚え、三級ではあるものの簿記の資格を取得しました。そして、ドライブをするのが夢の一つであったため、自動車の運転免許も無事に取得しています。

私は二〇〇〇年の生まれなのですが、同学年のカラーがとても好きです。慣れも大きいとは思いますが、やはり居心地がよかったのだなあと実感したのは浪人時代でした。勉強に苦しくなったときに声をかけてくれ、励ましてくれる友人の存在に触れたとき、もう同学年にはなれないんだなあという悲しみに襲われました。そこで、より時間の大切さに気付かされました。

それらを、今後の自分の生活でどのように生かしていくのかについて考えさせられたのがコロナ禍です。たくさんの人々を苦しめたコロナ禍には、マイナス感情がたくさんあります。しかし、逃れられないこの環境で、できることを自分は行えたと思える期間でもありました。

もし、コロナ禍でなければ、もっといろんな経験ができただろうなあとも思っています。世の中が悲しみに包まれることも少なかったでしょう。しかし、いろんな意味で、たくさんの人々の価値観を変えたのがコロナ禍だと私は思っています。

六甲ミーツ・アートって……？

さて、私が参加した実践活動ですが、そのフィールドとなった「六甲ミーツ・アート」について読者のみなさんはご存じでしょうか。活動を経たうえで、少し気になるところとなっています。

では、六甲山についてはどうでしょうか。私たち兵庫県民にとっては、景色も空気もきれいで、建物や道も整備されており、小さいころから訪れる機会が多いという場所です。実際、私も小さいころから定期的に訪れている場所で、大学生になってからは夜景を見に行くことがたびたびあります。

六甲山の標高は九三一メートル、兵庫県南東部、神戸市街地の西から北にかけて位置する山塊で、神戸のシンボルとなっています。山上には牧場やテラスなどといった多くの施設が充実しており、登山ができるコースからバスで登れる道もあるため、家族同士で、友人・恋人など、さまざまな人とのたくさんの楽しみ方があります。また、六甲山系に属する摩耶山《まやさん》（七〇二メートル）の「掬星台《きくせいだい》」という展望台から見る夜景は「人気スポット」として有名です。

アクセスとしては、最寄駅となるＪＲ新神戸駅からバスに乗り換え、ロープウェイで登っていくというのが一般的です。前述したように、車で山頂まで行くことも可能です。ちなみに、夜景を見に行くときには歩いて登ることはできません。

このような六甲山上で行われている「六甲ミーツ・アート」とはどのようなイベントであるのか、実際に参加した私の目線で、ここから紹介していきたいと思います。

山上からの景色が素晴らしい六甲ガーデンテラス

「六甲ミーツ・アート」は、二〇〇九年より毎年行われているイベントで、イラストのように、六甲山上の会場においてさまざまなアートが展示されています。このイベントは、六甲山の景観、自然、歴史、文化や施設の特性を取り入れた作品を随所に展示することで、六甲山の魅力を改めて感じてもらうことを目的としたものです。

先にも述べましたように、六甲山上には多様な施設があるため、その施設（会場）に合った、施設を生かしたアートであふれています。また、施設そのものがアートの一部となっているところもあります。

会場によっては有料のところもあり、普段からあまりイベントごとに参加しない私

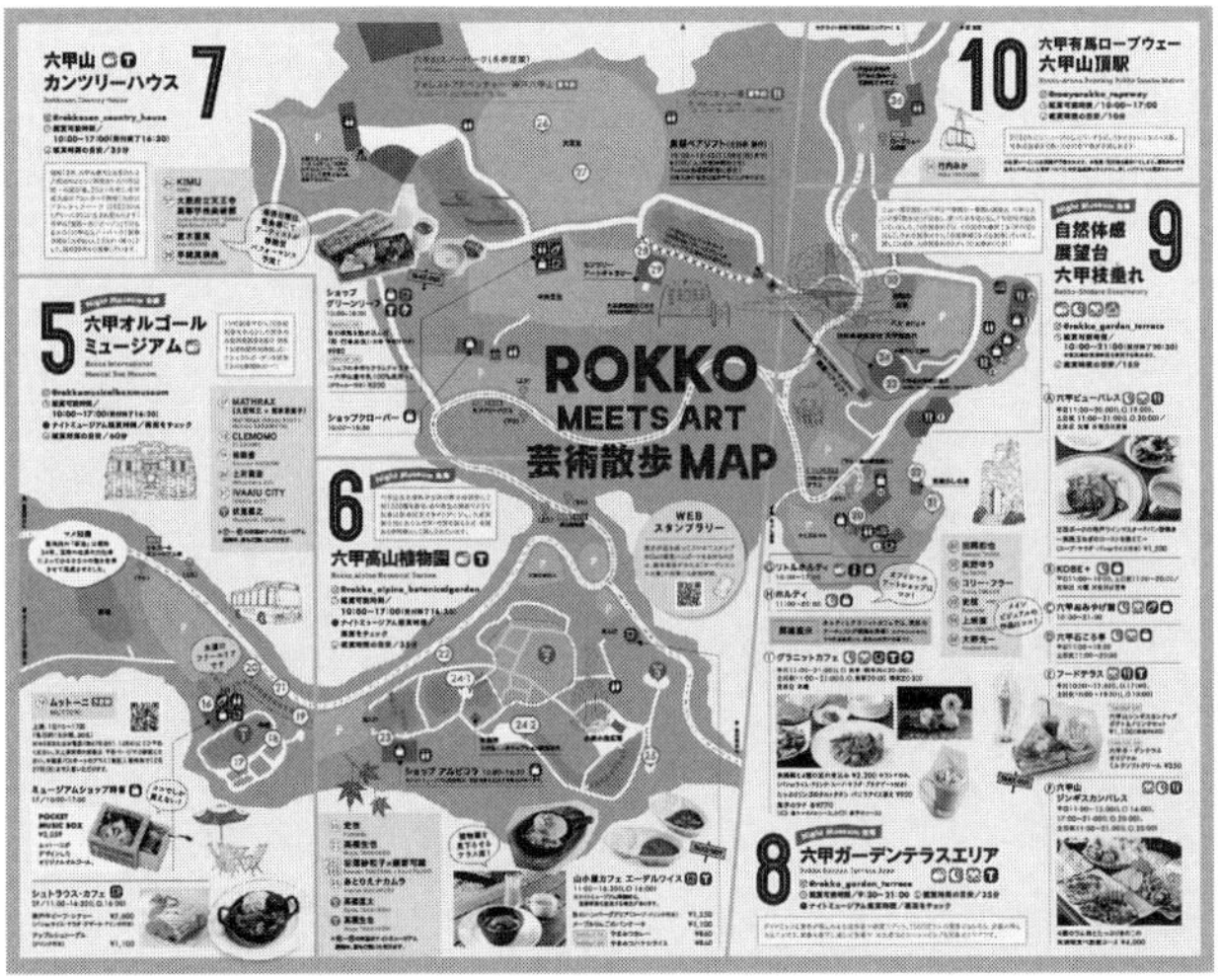

六甲山上の展示会場マップ。12の会場があり、山上でたくさんの世界観を楽しむことができる

からすれば、正直「高いなあ」と思ってしまいましたが、来場者にはリピーターも多く、ファンの獲得に成功しているという印象を抱きました。お子さま連れの人は、芝生の広がる「カンツリーハウス」への来場など、ニーズによって会場や訪問時間が自由に選べるため、楽しみ方にも柔軟性を感じました。

数ある会場のなかで、もっとも有名で人気があるのが、六甲ガーデンテラスに隣接する「自然体感展望台　六甲《ろっこう》枝垂《しだ》れ」です。ここも有料のエリアではありますが、「六甲ミーツ・アート２０２０」のポスターにも掲載されていた大きな旗が掲げられており、夜はライトアップも行われていることから、フォトスポットとしてもにぎわう会場となっています。私たちも、せっかく訪れたので写真を撮ろうとしていたら、ほかの来場者が快く撮影してくださり、思い出となる写真が増えました。

六甲山上にある「自然体感展望台六甲枝垂れ」とイベントの象徴となる旗

毎年九月中旬から一一月下旬まで行われているこのイベントですが、イベント時期になると、阪神電鉄の駅構内や車内が告知ポスターでにぎわいます。私自身、そういった広告を見てイベントに足を運ぶということはなかったのですが、「六甲ミーツ・アート」を通して、新たな価値観を見つけることができました。これまで意識していなかった車内広告などにも目を向ける機会が増えたように思います。

余談になりますが、実践活動を終えてからも、「六甲ミーツ・アート」の広告を見るとどこか心温まるような感じがしますし、もうこの時期かあと、季節感を味わっています。このような感情から、私自身にとってもこの実践活動の社会的な意味に気付かされます。

二〇二三年の春、四年生になろうとしていますが、大学生活の一年目にこの活動をしたため、すでに二回この広告を見ていることになります。時の流れに驚かされるとともに、慣れなかった阪神電車にもすっかり慣れてしまいました。

「六甲ミーツ・アート芸術散歩2020」のポスター。阪神電鉄の駅構内に大量に掲示されていた

実践学習「六甲ミーツ・アート」を選んだ理由

数ある実践活動のなかから、なぜ私が「六甲ミーツ・アート芸術散歩２０２０調査フィールドワーク」への参加を決めたのか、その理由についてお話しします。

私にとっては、この実践活動が初めての活動でした。実践活動に対する知識や経験がまったくないなか、安心できる材料を少しでも欲しかった私は、活動一覧のなかで身近に感じられた「六甲ミーツ・アート」に目を付けました。このイベントのことは知らなかったというのが正直なところですが、友人もおらず、自宅から大学も遠いということもあり、活動内容において重視していたのは「場所」ということかもしれません。

前述したように、六甲山は私にとっては幼いときから馴染みのある、お気に入りの場所でしたし、どこか惹かれるものがありました。それが理由で、「ここにしてみよう！」と決めたわけです。しかし、同じイベントとなる「六甲ミーツ・アート」には、「会場設営」と私が参加した「フィールドワーク」の二つがありました。私が注視したのは活動内容です。「会場設営」の場合は、イベント開催前に設営作業のサポートなどを行うというものでした。一方、「フィールドワーク」は、イベントに参加したうえで、その後について考えるというものでした。どうせ参加するなら、専門的な知識や経験を少しでも増やしたい！　そんな考えから、私は「六甲ミーツ・アート芸術散歩2020調査フィールドワーク」への参加を決めて応募し、希望どおり活動が決定したわけです。

実践活動への心構えと掲げた目標

実践活動に対してどのような心持ちで挑んだのか、そのときに掲げた目標を振り返ります。

実践活動への参加は学科内の必修科目であり、一つの活動につき最低四〇時間行い、それに四つ以上参加する必要がありました。このような言い方をすると、義務感だけで行ったように感じられると思いますが、私がこの実践活動に参加するにあたって期待していたことはそのようなものではありません。なぜなら、「やりたい！」よりも「やらなければならない！」のほうが大きかったからです。とはいえ、実践活動がはじまるまでの感情としては、緊張と不安が大きかったように思います。

これまで、課外活動などにおいては学校のもとで行い、守られているという意識がありましたが、学外に出て実際の企業のもとで活動を行うことには「責任」という重みが生じます。また、友人がいないという新しい環境に身を置くことも、心配性の私にとっては不安だらけでした。しかし、必修科目です。やらなければならないのです。ただ、さまざまな活動から選べるということに少し安堵感を抱き、自分に合った活動を楽しみながら前向きに実践できたように思っています。

実際に実践活動に参加するうえにおいて立てた目標は以下の五つです。

❶フィールドワークについての知識を身につけること。
❷物事に対する自分自身の観点を増やし、柔軟性を身につけること。
❸自分の役割に責任をもち、協調性と主体性を大切に行動する（ペアワークなど）こと。
❹コミュニケーション能力を高めること。
❺活動後、自らの課題を見つけること。

この五つを活動目標としていたわけですが、抽象的であったこともあり、のちに振り返った際、「達成できた!!」と自信をもって断言できるものがあまりないというのが正直なところです。しかし、目標の達成よりも、活動内での「気付き」のほうが多かったように思っています。

普段とは違う視点でイベントに参加し、データ分析ソフトを用いたり、初対面の方にご協力をお願いしたりなど、初めてという経験がたくさん盛り込まれていました。そのたびにさまざまな「気付き」があったので、総合的には、イレギュラーも含めて「学び」につながったと感じています。言うまでもなく、これらの学びや気付きは、実践活動を終えて今に至るまで、そしてこれからの生活にも生かされていくと確信しています。

活動の概要

実践活動において具体的に行ったことについて、学んだことともに紹介していきます。

私が参加した実践活動は、前述したように、「六甲ミーツ・アート芸術散歩2020調査フィールドワーク」（以下、「六甲ミーツ・アート芸術散歩」）です。六甲山上にある施設を活動場所として、九月～一二月の計四〇時間を活動期間として費やしました。活動内容は、六甲山上にある一二会場で実施されている現代アートの展覧会をフィールドとして、参加観察とともに来場者へのインタビューを行いました。

実際にイベントを通して情報を集めたあと、担当主体である「六甲山観光株式会社」が実施しているアンケート調査のデータ分析もあわせて行い、イベントの実態や評価、今後の展望について多角的かつ実証的に考察しました。ここでの活動目的は、大学生の目線で観察し、参加者や運営の傾向や課題点を洗い出すことで今後のイベントに生かす情報を集め、分析して共有することでした。活動の流れは以下のとおりです。

❶参加観察（延べ一・五日程度。九月後半から一〇月初旬）。モデルコースに参加し、来場者として行動観察。来場者の多い土日を基本とする。

❷インタビュー調査（延べ二日間程度。一〇月初旬から一一月初旬の土日）。会場内に定点ポイ

ントを設け、来場者に対して二人一組のチームでインタビューを実施。

❸アンケート調査の分析（半日程度。一一月中旬）。六甲山観光株式会社が実施したアンケート調査データについて、集計と分析。

❹報告書と六甲山観光株式会社へのプレゼンテーション（一日程度。一二月中）。参加観察・インタビュー・アンケート調査のデータをまとめるイベントの実態や評価、今後の展望について報告し、企業側と意見交換の実施。

参加者は一〇名、参加条件はなく、おすすめする対象者として、「フィールドワークや質的調査の手法・量的調査の分析・プレゼンテーションなどを体験したい方」、「人間行動に興味のある方」、「人とのコミュニケーションが好きな方」が挙げられていました。また、調査フィールドが六甲山上であることから、六甲ケーブルや六甲山上バスの交通費および入場料は六甲山観光（株）の負担となりますが、「六甲ケーブル下駅」までの交通費は各自の負担となっていました。

ペアを組んだ親友との写真（左が筆者）

実践活動の具体的な活動内容と学び

「六甲ミーツ・アート芸術散歩」は、六甲山上に展示されているアート作品をバスや徒歩でめぐりながら体感するというイベントです。前述したように、二〇〇九年から毎年開催されており、会場によっては有料となっています。

このようなイベントに対して私たちが行った活動は、先に述べたように、①参加観察、②来場者へのインタビュー、③アンケート調査の集計を行い、イベントの実態や評価、そして今後の展望について多角的・実証的に考察するというものです。

それぞれの活動について、具体的に紹介していきましょう。

①の参加観察では、実践学習に参加した学生のほとんどがこのイベントに訪れたことがないという理由から、現状を知るために行われたものです。実際にイベントに参加し、イベント内容を把握するとともに、私たちなりに改善点を探しました。

普段、外出をする際に「改善点を探す」という視点を意識したことはありません。それだけに、難しさを感じました。一方、いつもなら「気付き」で終わるところを文字に起こし、「当たり前」とされることにも反応できるように注意を払ったおかげで、改善点の洗い出しにつながったように思っています。

②の来場者インタビューを行うにあたっては、①で得られた情報の共有を行っています。イベントは、六甲ケーブルにはじまり、全一二会場で行われているため、それぞれ違ったよさや課題点がありました。参加した学生から出た具体的な意見は以下のようなものです。

・バスの本数が少ない
・トイレの場所が分かりにくい
・予約情報を明記すべき
・展示物の説明とボードが離れすぎている
・斜面の展示物は、高齢者や子どもには困難である可能性

私自身も、「六甲ミーツ・アート」の会場にあるすべてのアートに共感できたかと問われると、そうではありません。それだけ専門的というか、芸術的な作品にあふれているのです。ただ、屋外の展示物がたくさんあるため、美術館などでは体感できないア

サイレンスリゾートの明るい空間をさらに彩る大きな作品

サイレンスリゾート。お洒落な空間に食器や植物が展示され、販売されている

ート展示が印象的でした。

交通の便に関しては、マイカーでも公共交通手段でも来場できることから、来場者の幅は広がるように感じました。私はケーブルカーやロープウェイなどに乗ることが好きなので、イベントの特別感が倍増し、十分楽しみました。

インタビューは、二人一組で五チームを編成し、三会場で実施しました。実際に参加した人を対象に、参加時での六甲山上への期待、楽しんだ点、不満点などをヒアリングし、今後のイベント企画や運営の参考にすること、そして六甲山上の活用を考えることが目的となっていました。

インタビューの方法は比較的自由で、制限の少ない状況下において対象者と対面で話し合うという「調査的面接（research interview）」を

カンツリーハウス。斜面の上に展示された、染めたり描かれたＴシャツ

森の川

行っています。①をもとにインタビューフローを構成し、「半構造化法」で実施しました。難しい名称となっていますが、この方法のメリットは、対象者の語る言語情報、しぐさや表情に現れる非言語情報が得られることです。また、インタビュー時には録音をしていますので、分析時においても対象者の言葉をそのまま取り入れることができました。

ここで、実際に私たちが山上で行ったインタビューフローを紹介しましょう。

ステップ１　インタビュー協力の依頼

インタビューを行うにあたって、私たちの所属、名前、インタビューの目的、プライバシーにかかわることは口外されない旨を伝えたうえで協力を依頼しました。ここで、私たちの記録のための録音許可をいただき、少しでも抵抗のありそうな人に関しては、手書きのメモのみにすることを心掛けました。

インタビュー調査を行う前のメンバー。後列一番左が筆者

インタビューの所要時間（五〜一〇分）や、謝礼の説明もここで行いました。阪神電鉄がイベントにかかわっていることから、阪神電鉄のグッズ（ペンやファイルなど）を謝礼品として渡しています。

ステップ2　**インタビュー項目**

六甲山上への来場のきっかけ（過去の来場歴や事前情報など）、来場形態（アクセス・同行者や交通手段など）、楽しかった・よかった点（今日、六甲山上ですでに時間を過ごしているかを確認後、ギャップなど）、残念だった・不満な点・自由回答（なくて困ったものや、あったらいいなと感じたモノなど）

ステップ3　**協力者へのお礼**

言うまでもなく、最後には感謝の言葉とあいさつを行いました。

インタビュー調査。声をかける勇気が出なかったが、先生に背中を押してもらう

この活動において、インタビュー調査が一番難関であったと言っても過言ではありません。右腕に「武庫川女子大学」という腕章をつけていたとしても、快く協力してくださる人ばかりではないのです。また、それが分かっているからこそ話しかけるまでに躊躇してしまったり、自分が話しかけやすい人に偏ってしまいそうになりました。

そんなときは、インタビュー調査の目的を思い出しながら、難しさを痛感しながらさまざまな属性の人を目がけて調査に励みました。五分〜一〇分と承諾をいただいているにもかかわらず、あっという間にインタビューが終わってしまったこともありました。限界を迎えそうなとき、学生の状況を見回りに来た西道実先生（ⅳページ参照）に会い、「難しいです……（泣）」とすがりついてしまったことも懐かしく思い出します。そこで先生と話したことにより、改めて初心にかえって臨むことができたように思えます。

とはいえ、結果的には、生の声を、その人の言葉で聞くことができるインタビュー調査のメリットを生かし切れなかったという反省があります。

アンケート調査の集計では、「ＳＰＳＳ」というソフトを用いてデータ分析を行いました。このソフトが大学のパソコンに入っていたため、担当教員の西道先生の指導を仰ぎながら、来場者の特徴を捉えていきました。このソフトを用いることで、とても数の多いデータでも属性や交通手段など、項目ごとにフィルターをかけながら分析できることを知り、感動を覚えました。

　これらの分析や全体の活動を通して気付いた点や学んだことを活動の締めくくりとして、「六甲山観光（株）」の方へ「最終報告会」のプレゼンを行う予定となっていましたが、新型コロナの感染状況がひどく、延期ではなく「中止」といった対応になりました。初めての実践活動で、最後の一大イベントが中止となり、終わり切れないという実践活動になってしまったことは残念ですが、私にとっては非常に意味のある、思い出の一つとなっています。

実践活動で出会えた仲間

　コロナ禍を通して人生について考えさせられるときに出合ったのが実践活動です。その実践活動で、私は大切な友人とも出会えました。

　冒頭に述べたように、コロナ禍と浪人が重なっており、通学時間が片道二時間弱もかかっていたことから、大学では無理に友人をつくらず、最低限で過ごそうと決めていました。こう考えることが「ラク」だったのです。また、入学式も行われなかったため、大学はオンラインにはじまり、対面授業が可能になってからも、クラスで前半後半に分かれるというとても狭いかかわりに

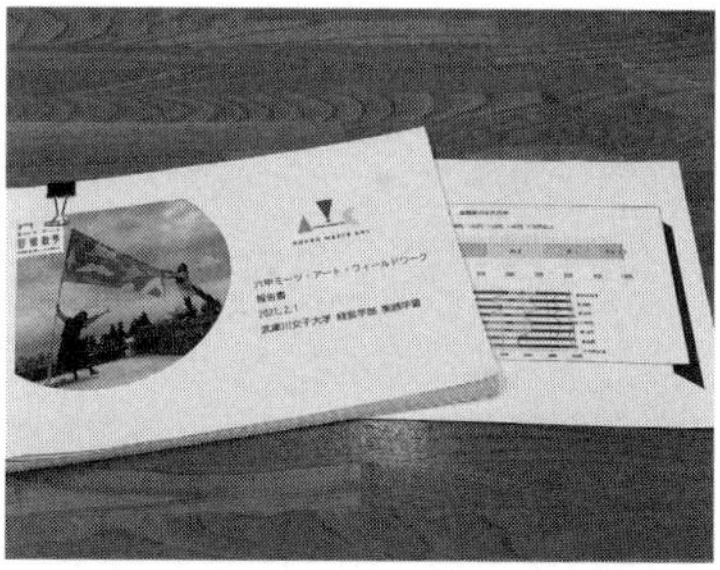

終了時に六甲山観光（株）に提出した報告書。コロナ禍で報告会は中止

絞られるという環境でした。

オンラインのときから積極的に友人関係を築いてこなかった私にとって、対面授業は思っていた以上の疲労感がありました。そんな状態から実践活動の募集がはじまり、実践活動に出合い、新たなグループに所属しました。初対面の人がほとんどですが、早速ペアワークがありました。そこでの出会いが、私の大学生活の軸を大きく変えたのです。

たまたまペアとなった人の自宅が私と同じ方面であったため話が弾み、「私は友人をつくっていいんだ！」、「こんなに楽しいんだ！」と思わせてくれる日々を過ごすことができました。クラスは違ったものの、プライベートでもたくさん会うようになったほか、別のペアとも仲良くなり、クラスが違う四人組が私の親友となっています。

クラス内で友人をつくれないもどかしさもありましたが、講義以上に濃い時間を過ごした実践活動で、思いっきり笑い合える仲間と出会えたことを本当に嬉しく思っています。

その後も、ドライブに行ったり、夜行バスに乗って旅行にも行っています。また、ドイツ語を一緒に履修したりと、大学生ならではの夢をたくさんかなえてくれたのです！　ここで得た仲間は、楽しいことや嬉しいことはもちろん、大変なことも励まし合って成長し合える存在となっています。大学生活に「希望」を与えてくれた友人には、心から感謝しています。そして、その出会いという機会を与えてくれた実践活動にも心から感謝しています。

このような出会いがあったからこそ、すべての活動に前向きに取り組もうと思えるようになりました。三年生から所属するゼミも、学びがたくさんありそうなところを志望し、そのゼミに所属しています。ダントツで多忙なゼミなのですが、充実と達成感を仲間と分かち合えるこの空間がとても好きです。その環境の楽しさや希望を与えてくれたのも、実践活動でした。

活動を支えてくれた西道実先生

活動全体を通して、これまでは漠然と理解していたインタビューやデータ分析について専門的に学ぶことができました。主体的に自分たちが動きながら活動する実践活動ですが、西道先生のサポートがあったこともあって、ここでしかできない経験を積むことができました。インタビューをするうえで重視すべきことや、何のためにするのかという大前提からしっかりと掘り下げて、問いかけながら、私たちに専門的な考え方を学ぶ機会を与えてくれました。

具体的には、イベントを通して活動を行う前に、座学で知識をインプットしたうえでフィールドでの実践を行い、そこで新たな知識をインプットしながら分析を行うといった流れがとても身につきやすく、勉強になりました。また、頻繁に全員の意見共有の時間を設けてくれたこと、そして多様な価値観に触れながら活動できたことが自身の「学び」に広がりを与えてくれたように思っています。

武庫川女子大学経営学部の実践活動は、あくまでも学生主体の活動であることを大切にしています。学生自身が考えて行動できる環境を整えてくれた西道先生を尊敬しています。そこで得た満足感をもとに西道先生が担当する実践活動や講義も積極的に参加し、充実した楽しい時間をたくさん過ごすことができました。

実践活動を終えて——実践活動のある大学に入学して

私の価値観として、大学生は社会人に一番近い立場であり、準備期間であり、時間にも余裕があるため、どれだけ多くの経験ができるか、充実させられるかが重要であると思っています。それをふまえると、座学のみならず外部との交流機会を増やす形で学生自身が社会をよりリアルに感じられる機会があることは、双方にとってよい影響を与えると思います。

学生が企業と交流することには、企業側に負荷がかかるということも大いにあるでしょうが、もしその企業が学生目線の情報が欲しいのであれば、学生のや丶り丶が丶い丶だけでなく、企業側にも新たな価値観が生まれるのではないでしょうか。

コロナ禍であったことから最後の報告会やミーティングが思うように実施できないというイレギュラーなこともありましたが、それを含めても、物事を実行する難しさや楽しさなど、たくさんのリアルを感じ取ることができました。

繰り返しとなりますが、実践活動のある大学に入学できたことを大変嬉しく思っています。企業とのやり取りや、初対面の人とのコミュニケーションのあり方、活動前の計画書の提出など、決められた流れ以外の活動範囲は自分次第で広げていくことができるのです。そんな可能性に満ちた活動を、大学に後押ししてもらいながらできることのありがたさに改めて気付きました。

これからは、この経験が生かせるように、そしてもっと経験が積めるように、実践活動で培った価値観を精いっぱい発揮していきたいと思っています。

第3章 阪神KANお散歩マップの作成

（桐山由妃）

紅茶好きと「阪神間モダニズム」

武庫川女子大学経営学部の一期生として入学した私ですが、当時は新型コロナウイルスによってすべての授業がオンラインとなってしまい、授業の時間になると、家でパソコンに向かうという生活を最初の数か月行っていました。

一期生なので、当然のことながら先輩はおらず、知り合いもまったくいなかった私は、本当に「孤独」という言葉がぴったり当てはまる生活を送っていました。元々、外に出て積極的に活動するようなタイプではなく、人見知りで、自分の意見を前に出て話すということがとても苦手だったこともあり、このような状況はあまり苦ではありませんでした。

とはいえ、好奇心旺盛で、知らないことを知りたいという探求心を強くもっているため、四年間ずっと家で授業を受けて、予習復習をするだけでは面白くありません。せっかくの四年間という大学生活、自分から何かをしたい、あるいは何かができるようになりたいと思っていました。

それが理由で学生団体に所属し、学外でボランティア活動に参加していました。そして、二年生の後期、実践学習の「阪神ＫＡＮお散歩マップ『珈琲・紅茶』編」（以下、「阪神ＫＡＮお散歩マップ」と略）の作成プロジェクトに参加しました。活動機関は、二〇二一年九月一〇日頃から二〇二二年一月にかけてとなります。

筆者

この実践学習に参加した理由は大きく分けて二つあります。一つ目は、珈琲・紅茶が好きだからです。大げさなようですが、普段から「桐山といえば紅茶」というイメージが友人たちに定着しているほど紅茶が好きなのです。

紅茶を飲みはじめたきっかけは、紅茶好きの友人の影響と「喉の乾き」です。最初は、紅茶を飲める友人がとてもかっこいいと思っていただけで、ずっと「美味しいよ」と言われていまししたが、苦いと感じてなかなか飲めませんでした。

そんなある日、あまりにも喉が渇いたので、仕方なく飲んだペットボトルの紅茶がとても美味しく感じ、「あ、紅茶って美味しい。飲める」と思いはじめたのです。そこから、ペットボトルの紅茶だけでなく、ティーバッグや茶葉で紅茶を淹れて飲むようになりました。

このように紅茶が好きな私は、この実践活動の概要を読んだとき、「これは、必ず応募しなければ」という強い意志のもと応募して参加しました。

二つ目は、珈琲・紅茶の魅力は、美味しさだけでなく、たった一杯で人と人が同じ時間を共有し、話をしながら楽しいひと時を過ごせる点が素敵なところです。そのため、「阪神ＫＡＮお散歩マップ」を読んだ誰かがほかの人を誘ってコースをめぐれるようにと願うとともに、人と人とがつながり、同じ時間を共有するきっかけとなるお手伝いをしたいと考えたのです。

ところで、「阪神間モダニズム」という言葉を耳にしたことは

「阪神 KAN お散歩マップ」のエリアを示す地図

ありますか？「阪神間」という名前のとおり、大阪と神戸の間にある神戸市東灘区から西宮市を中心とした地域の呼称で、明治時代の鉄道開通とともに目覚ましい発展を遂げた地域のことを指します。

そして、「阪神間モダニズム」とは、その地域で花開いた西洋の文化を取り入れた、モダンで上質な文化のことです。このようなライフスタイルは現代にも受け継がれており、街のあちこちで見ることができます。

パンフレット

この「阪神間モダニズム」の魅力を伝えるために制作されているのが、今回の実践学習でかかわった「阪神KANお散歩マップ」で、二〇一九年度から「阪神間モダニズム」と関連するテーマに沿った、年に二回発行された六回シリーズのパンフレットです。テーマは、「近代建築」、「スイーツ&パン」、「ミュージアム」、「文学」、「自然とスポーツ・レジャー」、そして私が実践学習としてかかわった「珈琲・紅茶」となっています。

これらのテーマごとに「阪神間モダニズム」の魅力が伝わるようなスポットをマップ上で紹介していますので、観光モデルコースをめぐるもよし、気になるスポットを選択してめぐるもよし、またコラムも掲載されているので読み物としても楽しめるマップ型のパンフレットとなっています。

このパンフレットを制作しているのは、神戸市東灘区、芦屋市、西宮市、阪神電気鉄道株式会社が二〇一六年に共同で発足した「阪神間連携ブランド発信協議会」で、阪神間に根付いた文化やライフスタイルを発信し、都市ブランドの向上を図ることを目的としています。地域内の人々に対しては、街への愛着を感じてもらいながら地域活性化を促し、地域外の人々に対しては、阪神間の魅力を知ってもらうためのPR活動を行っています。今回の「珈琲・紅茶編」を含めたすべてのパンフレットがホームページ上で公開されていますので、ぜひ一度ご覧ください。

具体的な実践学習の内容に入る前に、私がこの実践学習に参加するまでの「阪神間モダニズム」とのかかわりについて少しお話しします。

一年生の後期、すべての学部生が履修できる授業を履修した際、武庫川女子大学の上甲子園キャンパスにある「甲子園会館」を見学に行く機会に恵まれました。最寄り駅は阪神電車の「甲子園駅」（徒歩三分）とJRの「甲子園口駅」（徒歩一〇分）です。

甲子園会館とは、一九三〇年に「甲子園ホテル」として開業した建物です。建築家フランク・ロイド・ライト（Frank Lloyd Wright, 1867～1959）の愛弟子である遠藤新（一八八九～一九五一）が設計したこの建物は、国の近代化産業遺産と登録有形文化財に登録されています。その後、海軍病院やアメリカ軍の将校宿舎に転用されたのち、国の管理下に置かれました。

一九六五年に武庫川学院が国から譲り受け、その後、建築学部などの大学施設として使用されています。現在、館内のツアーなどの見学会を定期的に行っているほか、二〇一八年には、ＮＨＫの朝の連続テレビ小説『まんぷく』において架空のホテルとして登場するなど、多くの人に愛されながら利用されています。

このときに、この地域に「阪神間モダニズム」という上質な文化が根付いていることや、「甲子園会館」がかつては「東の帝国ホテル、西の甲子園ホテル」と呼ばれるほどのホテルであったこと、そしてホテルの造りに関することなどといった多くのことを初めて知りました。

そして、当時発行されていた「阪神ＫＡＮお散歩マップ」の「スイーツ&パン編」においては、スイーツとパンという視点から「阪神間モダニズム」について知れるということを聞き、実際に手に取って駅で読んでいました。

甲子園会館

見てみると、あまりにも美味しそうなケーキやパンの写真が多く掲載されており、コラムもありました。実際にめぐるということはしませんでしたが、読み物として楽しく読めました。

その後、二〇二一年三月頃から、私は芦屋市にある地域日本語教室のボランティアに参加しています。その活動に参加しているなかで、芦屋市に移住してきた外国の人から話を聞いたのですが、「都会なのに自然が多く、過ごしやすいから住む場所を芦屋に決めた」と話されていました。

芦屋を彩る樹木

六甲山（九三一メートル）といった山々のほか、夙川《しゅくがわ》や芦屋川などといった自然が多く、「阪神ＫＡＮお散歩マップ」の「自然とスポーツ・レジャー編」に載っている芦屋公園に、同じボランティアの学生や外国の人たちとに遊びに行くという機会があったため、知らず知らずのうちに「阪神間モダニズム」にかかわるようになっていきました。

このようなときに今回の実践学習の募集があり、テーマが「珈琲・紅茶」ということもあって、参加することに決めたわけです。

実践学習の内容――店舗調査と提案

今回のプロジェクトである「お散歩マップ」の内容は、前半と後半で大きく二つに分かれます。前半では、「珈琲・紅茶編」に掲載するスポットの調査と提案を行いました。そして後半では、デジタルを活用した新たな活用・発信方法を考えるために「SpotTour」と「Googlemap」を使用した比較検討を行っています。

実践学習にはもちろん担当の先生がおりますが、調査方法や分析方法を教えてもらって学ぶというよりも、私たちの自主性を重んじた、かなり自由な実践学習となりました。どういうことかというと、スポット提案を行う中間発表の日とプレ発表の日だけが決まっていて、プレ発表の日までに各グループは、それぞれの日程を合わせてお店へ足を運び、プレゼン資料をつくっておくという流れでした。

それでは、前半部分のスポット提案の活動から説明していきます。

「阪神ＫＡＮお散歩マップ」は、マップ上に載っている「スポット」と呼ばれるお店やカフェをめぐることで「阪神間モダニズム」の魅力を感じながら楽しむというものです。実際にマップを制作するわけではなく、「スポット」と呼ばれているカフェの調査とさまざまな提案を行っています。

「珈琲・紅茶」というテーマに沿うように、神戸市東灘区から西宮市内の珈琲・紅茶を専門に扱っているカフェをピックアップして、チームごとにどこのお店に行くのかを話し合い、実際に店舗を訪れて珈琲・紅茶とスイーツをいただきました。そのうちの一店舗では、実際に店主に対して取材を行っています。私のチームには四人のメンバーがいたので、二人ずつに分かれてそれぞれの店舗を訪れました。

私が訪れたのは四店舗です。一店舗目は、芦屋市富塚町にある「Tea Saloon MUSICA」です。芦屋は兵庫県の南東部に位置する大阪と神戸の間にある市です。交通の便がよく、前述したように、高級住宅地というイメージが強い芦屋市ですが、北は六甲山、南は瀬戸内海と、自然環境にも恵まれているところです。

「Tea Saloon MUSICA」は、一九五二年の創業という歴史のある紅茶専門店で、紅茶が大好きな私も一度は訪れてみたいと思っていたところです。凝灰岩《ぎょうかいがん》がきれいに積み上げられた外壁が特徴的なレトロな雰囲気の店舗で、国が登録している有形文化財である「旧芦

Tea Saloon MUSICA の店内の様子

Tea Saloon MUSICA

屋市営宮塚町住宅」の一階に入っています。

文化財の中にある店内には日が差し込み、とても明るく、たくさんの種類のティーポットや紅茶缶が棚の上にディスプレイとして並んでおり、お店に入っただけで歴史を感じることができて少し感動しました。

ゆったりとした時間が流れるなかでいただく紅茶はとても美味しく、必ずもう一度お店に来ようと心に決めました。このお店は「阪神KANお散歩マップ」にも掲載されていますので、ぜひチェックしてみてください。

二店舗目は、神戸市東灘区の岡本にある「Cafe de FELLOW」です。

岡本は兵庫県神戸市東灘区に位置する、JR東海道線より北の地域となります。この地域も富裕層が多く、高級住宅地というイメージがあります。また、甲南大学はじめとしていくつか大学があるほか、石畳が敷かれている商店街にはおしゃれなカフェや雑貨屋さんがたくさんあるなど、活気のある街となっています。

Cafe de FELLOW の外観

Cafe de FELLOW で飲んだコーヒー。せっかくだからと思い、ミルクを入れずに飲んでみた

レンガ造りというレトロな外観とアクアリウムのある店内で、純喫茶のようなとても落ち着いた空間でいただくコーヒーとワッフルは格別で、とても美味しかったです。コーヒーは、サイフォンで一杯一杯が丁寧に淹れられます。また、ワッフルはハーフサイズを選ぶことができ、お腹の空き具合によって調節できるところもいいなと思いました。

三店舗目も、神戸市東灘区の岡本にある「cafeteria gatto nero」です。店内は雑貨屋木製インテリアでそろえられており、ナチュラルで、賑わいのなかに温かみを感じられるというお店です。このお店では、自家焙煎したコーヒーや他では味わえないドライフルーツやハーブ、花びらを使用した紅茶を提供しています。テイクアウトで購入した焼き菓子やクッキーもとても美味しかったです。

四店舗目は、西宮市の阪急甲東園駅の近くにある「KINGLY COFFEE」です。「西宮七園」と呼ばれる高

KINGLY COFFEE の店内

cafeteria gatto nero の外観

級住宅地の一つであるこの街には、関西学院大学や神戸女学院大学などがあるため、学校が休みの日を除いてはいつも学生であふれています。

「KINGLY COFFEE」は自家焙煎のスペシャルティコーヒー専門店で、「ロンドンと猫とコーヒー」をコンセプトにしている男性オーナーが経営しているこのお店は、こぢんまりとしたナチュラルで温かい雰囲気の店内となっていました。「ロンドンと猫とコーヒー」というコンセプトは、オーナーがイギリスへ留学したという経験がもとになっているそうです。イギリスでは、黒猫は魔除けの意味をもっており、お店のシンボルマークにもなっています。ここでは、オーナーへの取材を私が行っています。

お店のこだわりとして、最上級のグレードであるコーヒー豆を使用し、多くの人に飲みやすい、バランスのよいコーヒーをブレンドしていると言います。また、珈琲豆の選定では現地の人の声を聞き、どんなコーヒーかを確認しているそう

KINGLY COFFEEで飲んだコーヒー。とても楽しい時間

図1　コーヒーピラミッド

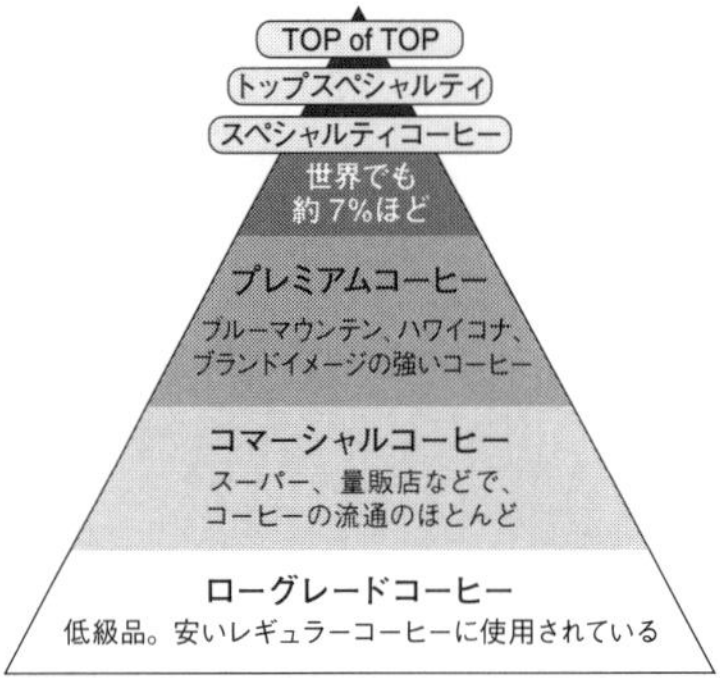

出典：轡田紗世『田んぼの中のコーヒー豆屋』（新評論、2022年）viiページ。

です。そして、焙煎方法として、「豆に直接火を当てない方法を取ることによってバランスのよい豆ができる」とおっしゃっていました。

ちなみに、スペシャルティコーヒーとは、品質管理が生産国での栽培や選別から適正に行われていて、欠点の少ない豆を適切な抽出において淹れられるコーヒーのことです。

全国の人にこの美味しいコーヒーを飲んで喜んでもらいたいという思いから、国内限定で通販販売も行っているそうです。「KINGLY COFFEE」のおすすめポイントとして、コーヒー豆だけでなく味のバランスのよいコーヒーのポテンシャルを生かした「カフェオレベース」などの加工品が挙げられます。カフェオレベースとは、二〇杯分のカフェオレがつくれるもので、猫が描かれたラベルを巻いた、とてもかわいい容器に入っています。見た目から、プレゼントとしてもいいなと感じました。

また、この商品にはカフェインレスタイプもあり、妊婦さんやカフェインが気になる人でも飲めるようになっています。オーナーは笑顔が素敵な、とてもやさしそうな方で、私たちの取材も快く引き受けてくれました。

話をうかがっていくなかで、コーヒーがとても好きで、お店のコ

カフェオレベース

ーヒーや商品にとても自信をもっており、美味しいコーヒーを多くの人に飲んでもらいたいという思いがとてもよく伝わってきました。

これまでに、紅茶やコーヒーを飲むためにカフェへ行くことは何度もありましたが、このように、直接オーナーに話をうかがうという機会はありませんでした。今回お話を聞いたことや、ほかのグループの取材レポートの発表の際に聞いて、どのお店のオーナーにも強い思い（こだわり）があり、その思いを実現するために、店舗づくりやメニューづくりなどにおいて多くの工夫をこらしていることが分かりました。

日程の都合上、担当したお店を二日で回ったため、一日でカフェを三軒はしごするという、今までにはない経験ができました。一緒に行ったメンバーと、「カフェ雑誌などの記者になったら、取材のために一日に三～四軒が普通だったりするのかな？」と話していましたが、さすがに三軒のカフェでお茶をするとお腹がいっぱいになってしまい、その日の夕食がほとんど

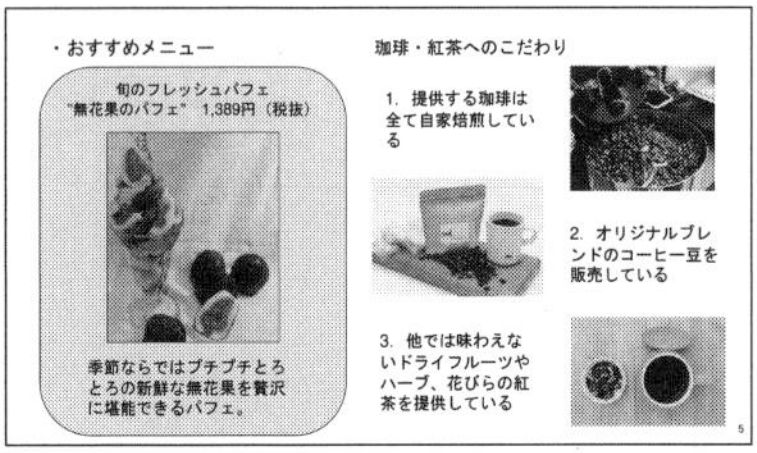

中間発表で示したスライド

中間発表のプレゼン。一番左が筆者

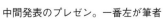

食べれなかったというのがよい思い出となっています。

その後、ペアで訪れたカフェの情報やコーヒー・紅茶へのこだわり、店内の雰囲気やなぜこのお店を提案するのかなどを盛り込んだ中間発表の資料をつくりました。先生へのプレ発表では、「情報がしっかりと盛り込まれているが、スライドの細かいレイアウトの部分で修正が必要だ」というフィードバックをいただいています。

基本情報以外は自由に記述してよいという発表資料にどんな情報を入れるとより分かりやすく、スポットな提案ができるのかとメンバーみんなで考えてつくっていたため、内容自体に対する修正がほとんどなかったことに少しホッとしました。

実践学習の内容・「SpotTour」と「Googlemap」の比較

中間発表が終わると、前半とは全然違う活動となりました。後半では、デジタルを活用した、新たな活用・発信方法を考えるための「SpotTour」と「Googlemap」の比較検討に取り組むことになりました。

具体的には、「阪神ＫＡＮお散歩マップ」の「文学編」に掲載されているモデルコースを「SoptTour」と「GoogleMap」を使って実際に歩いて、二つの使い勝手の比較や改善点などを検討し、改善点の発表を行いました。ところで、「Googlemap」はご存じの人が多いと思いますが、先ほどから名前が挙げている「SpotTour」のほうはご存じでしょうか？

「SpotTour」とは、一二言語に対応した「デジタル観光ツアーアプリ」のことで、豊富な掲載となっているツアーやモデルコースから、自分の興味あるものに参加することができます。また、自分が参加したツアーの順路やスタンプラリーで得た限定情報が思い出としてアプリに保存されるという機能も付いています。

後半の活動では、この「SoptTour」というアプリを使って、実際に「阪神KANお散歩マップ」の「文学編」に掲載されているモデルコースをめぐったわけです。

一つ目は、「芦屋市立図書館打出分室」です。その名のとおり現在は図書館として使用されていますが、元々は銀行として利用されていたものです。

小川洋子さんの作品『ミーナの行進』（中央公論新社、二〇〇九年）にも登場する、明治期にイタリア・ルネサンス邸宅風の洋館です。緑のツタに覆われているという外観のイメージが有名で

芦屋市立図書館打出分室

打出公園サルの檻の写真。檻がなければ普通の公園と変わらない

すが、私たちが訪れた時期は冬だったため、茶色い「冬の装い」でした。緑が生い茂る時期にもう一度訪れて、イメージどおりの「打出分室」を見てみたいと思っています。

二つ目は、「芦屋市立図書館打出分室」の隣にある「打出公園のサルの檻」です。現在は何の変哲もない公園ですが、過去にサルやクジャクなどがいたそうで、現在でもその当時使われていた檻が残っています。ここは、村上春樹さんの小説『風の歌を聞け』(講談社、二〇〇四年)に登場する公園です。

三つ目は「夙川オアシスロード」です。「文学の道」とも呼ばれる、夙川《しゅくがわ》の河口まで伸びている遊歩道には、ジョギングや散歩などをしている人がたくさんいました。美しい自然のなかでジョギングをする、「とても気持ちがいいだろうな」と、道行く人を見ながら感じるような場所です。

四つ目は「Café Quality Season」です。「夙川オアシスロード」からも近く、阪神電車の駅からすぐの、紅茶と手づくりスコーンが美味しいお店です。落ち着いた店内で、ジャンナッツの紅茶と

「Café Quality Season」で飲んだ紅茶とスコーン。下にキャンドルが入っている容器なので温かさを保つ

夙川オアシスロード

スコーンがとても美味しかったです。

　五つ目は「御影公会堂」です。野坂昭如（一九三〇～二〇一五）原作の映画『火垂るの墓』（スタジオジブリ、一九八八年）にも登場するモダニズム建築の建物で、中には資料室や記念コーナーがあるなど歴史が感じられる施設となっています。

「御影公会堂」は一九三三年に建設され、敬老会や結婚式場などとして使用されてきました。また、終戦直後は幼稚園としてや、一九九五年一月一七日に発生した阪神淡路大震災の際には避難所として使用されるなど、地域の人々を支えてきました。

御影公会堂

　今回は食べることができませんでしたが、地下にある「御影公会堂食堂」のオムライスやハヤシライスといった洋食がとても有名です。

「SoptTour」を使用してめぐってみた感想としては、事前に「どこにどの順番で行く?」というプランをつくる手間がいらないというメリットが大きいと感じました。また、スタンプラリーにもなっているので、ゲーム感覚で「あ、スタンプ押された！　次のスポットはどこだろう？」とみんなで話しながらめぐることができたことも楽しかったと言えます。そして、スポットの概要がアプリに書かれているため、該当場所についての大まかな内容や魅力を知れるというメリットも感じました。

逆に、少し残念だなと感じたところは、スタンプの獲得場所が分かりづらかったり、精度の問題でしょうが、スタンプの獲得場所に行っても獲得するのに時間がかかってしまった点です。実際に使用しているとき、「あれ？　ここで合ってるよね？　何でスタンプもらえないんだろう？少し場所がずれているのかな？」と、メンバーであたりをグルグル回ることも多かったです。

また、「SoptTour」内に提示されているルートがワンパターンであるため、多くのスポットの情報が載っている紙媒体に比べると訪れ先の候補が少なく、めぐるときの自由度も少し低いように感じました。

続いて、「Googlemap」で同じく「文学編」に載っていたスポットをめぐってみました。

一つ目は「阿弥陀寺参道」です。地元の人に親しまれている浄土宗のお寺で、参道には谷崎潤一郎（一八八六～一九六五）が阪神間から熱海へ疎開する際に詠んだ、「**故里の花に心を残しつつ立つやかすみの菟原住吉**」という歌碑がありました。

二つ目は「岡本南公園」です。「桜守公園」という別名をもっているこの公園は、水上勉（一九一九～二〇〇四）の『桜守』のモデルとなった、桜の研究をしていた笹部新太郎（一八八七～一九七八）の屋敷跡を利用した公園です。公園内には多くの桜の木が植えられており、春になると満開の桜が見れるお花見スポットとしても知られています。私たちが行ったのは一二月だったので、「これは桜の時期に来たかった～」と、少し残念な気持ちになりました。

三つ目は、「ハニーマザー神戸店」です。ニュージーランドから輸入しているマヌカハニー専門店のお店で、大きなガラス窓から差し込む明るい光と木をベースにした温かみのある店内には、ハチミツだけでなく焼き菓子や生活雑貨も置かれています。お店では、甘酒と有機豆乳を使用した乳製品を使っていないお米のソフトクリームにハニーソースをかけていただきました。普通のソフトクリームよりもさっぱりとした味わいで、ハニーソースの美味しさがより際立つとても美味しいソフトクリームでした。

四つ目「まめ書房」です。たくさんの沖縄の本と工芸品を扱うこのお店はマンションの一室にあり、「Googlemap」に表示されたと

ハニーマザー神戸店

岡本南公園

き、「本当にこのマンションであってる？」、「これ入っても大丈夫かな？　不法侵入じゃないよね？」、「表示的にはこのマンションなんだけどな～」とみんなで不安になったぐらいです。しかし、店内に入ってみると、たくさんの沖縄のものに囲まれた、落ち着いた雰囲気ながらも好奇心をそそられるお店でした。

何といっても印象深かったのが、白い髭を生やした、和やかな雰囲気を醸しだすご主人です。書店のご主人というよりは、沖縄にある土産物屋のご亭主という感じでした。沖縄のお話をたくさん聞くことができるので、一度訪ねたらリピーターになってしまうところです。

五つ目は「火垂るの墓記念碑」です。前述したように、野坂昭如の小説『火垂るの墓』をスタジオジブリが一九八八年に公開したアニメ映画の記念碑です。戦時下の神戸市や西宮市を中心に、両親を失った一四歳の兄と四歳の妹が必死に生きようとする物語です。「SoptTour」を使用した際に訪れた「御影公会堂」のすぐ近く、「石屋川公園」にあるこの記念碑には、主人公たちが蛍を見ている場面

火垂るの墓記念碑

まめ書房

と防空頭巾をかぶっている絵が描かれていました。

「Googlemap」を使用した感想としては、シンプルで見やすく、普段から使用しているということもあって、使いやすいと感じました。路線や施設・飲食店などがマークで表記・区別されているため、行き先も分かりやすかったです。

また、経路案内を使用すると自動的に目的地まで案内してくれるため、地図を読むことが苦手な人でも、道に迷うことなく目的地にたどり着けそうだと思いました。さらに、この経路案内は、徒歩で行ける場所だけでなく、離れたところに行くときには交通機関なども表示してくれるため、効率よく目的地まで行くことができると感じました。

逆に、少し残念だと感じたところは、目的地までの最短距離が分かりづらいところです。電車を利用した場合、大きな駅などには出口が複数あります。そんなとき、どの出口から出たらよいのかが分からないことや、地下にいると自分がどこにいるのか分からないということがあったので、その点が残念だと感じました。

また、「SoptTour」は提示されたツアーをめぐるため行き先などを決める必要はありませんが、「Googlemap」は名前のとおり地図であるため、あらかじめ行き先決めておかないと行き当たりばったりとなってしまうため、注意が必要だと感じました。

「SoptTour」と「Googlemap」を使用した比較検証を経て、「SoptTour」における情報発信方法の改善案の提案として、マップ上にスポットを増やすことを提案しました。紙媒体である「阪神KANお散歩マップ」のようにスポットを増やせば、めぐるコースのなかでより多くの場所へ行けるようになります。すると、自由度が高まりつつ、「スタンプラリー」というゲーム感覚も楽しめるほか、プランを立てるといった手間がかからなくなります。このメリットをより生かせば、利用者の好みに合わせながら「阪神間モダニズム」を感じてもらえる体験が提供できるように思えます。

実践学習に参加してみて

実践学習に参加して二つのことを学びました。

一つ目は、さまざまな角度から物事を見ることの大切さです。前半部分では、私たち利用者の視点からテーマに合っていると考えたスポットに足を運び、提案しました。また、取材を通してオーナーの視点でのコーヒーや紅茶に対するこだわり、お店づくりへの思いなどが知れたほか、視点が異なれば考えていることも違うことが分かり、とても興味深かったです。

後半部分では、私たち利用者の視点で「SoptTour」と「Googlemap」を比較検証し、使い勝手をより良くするためにはどのような工夫を行うとよいのかについて提案しました。しかし、制作者の視点として、あまりにも現実離れした提案は取り入れられないということを理解したうえで提案をしなければならないという点を学ぶことになりました。

　これらのことから、一つの視点で物事を取り組むのではなく、多くの視点から物事を進めることの大切さを学んだわけですが、かなり自主性が重んじられた活動であったため、自分たちでいつまでに何をするのか、プレゼン資料を誰がつくるのか、形式はどのようなものにするのかなどについて考えなければなりませんでした。

　その意味では、スケジュール管理を行う力がついたと思います。また、これまでは同学年としか実践学習を行ってきませんでしたが、今回の実践学習では、初めて一つ下の学年とともに活動を行いました。他学年とともに行う活動で感じたことは、学年が異なっていても、積極的に意見が出し合える関係づくりの大切さです。

最終発表（一番右が筆者）。発表では緊張した

　二つ目は、「阪神間モダニズム」そのものについて学べたことです。今まで「阪神間モダニズム」と聞くと、武庫川女子大学の「甲子園会館」（旧甲子園ホテル）などを一番に思いつくことから、

建築物というイメージが強くありましたが、後半の活動で「文学編」のスポットをめぐっているとき、建築物だけでなく文学が感じられるような多くの場所を訪れています。

活動後は、今まで抱いていた建築というイメージから、都市でありながらも自然に恵まれた環境とモダンな西洋文化が入り混じる「上質な文化」という認識に変化しています。

事実、前半のスポット提案を行う際、「阪神間モダニズム」を感じられるようなカフェを探していると、とても提案内容に収まりきれないほど多くの喫茶店やカフェがあることを知りました。このような環境は、「上質な文化」のなかに、美しい建築や美術・文学だけでなく、人々の憩いの場という役割を果たしてきた「喫茶」という習慣があったからだと想像できます。

このような想像の奥に、もっと深い何かがありそうです。そうでないと、長きにわたってこのような文化が受け継がれるはずがありません。しかし、現時点では、それが何のか私には分かりません。とはいえ、少しでも「そうだろうな」と気付けたことが実践学習のよさであったように思います。

卒業を迎えて

私は、居住地である神戸市、ボランティアの活動先である芦屋市、大学で通っている西宮市と、どの地域にもかかわりがありました。しかし、今回の実践学習に参加するまで、「阪神間モダニズム」という言葉や大まかな内容は耳にしたことがあっても、ここで述べたような「上質な文化」が根付いた地域であることは知りませんでした。

ここでは、私が訪れた多くの場所を書いてきたわけですが、ほかのグループが訪れていた場所を合わせると、ここに書いたスポットの二、三倍になると思います。それゆえ、普段生活している地域やかかわりが多い地域でも、「阪神間モダニズム」や「珈琲・紅茶」という視点、そして「阪神間モダニズム」と「文学」という視点から見れば、これまで知らなかったお店や建築物をたくさん知れると思います。

実は、この実践学習で活動した地域以外でも、いつもと異なる視点をもって街を見れば新しい発見があるのではないかと思いました。本章を読んで、「阪神ＫＡＮお散歩マップ」を手に訪れていただき、実際に「阪神間モダニズム」を感じてもらえるととてもうれしいのですが、あなたが住む街で、新しい視点をもって友達とともに「街歩き」をされてみてはいかがでしょうか。

観光者としてほかの地域を見るのも面白いですが、今回の私のように、居住者として自分の街を再発見するというのも結構楽しいものです。ふと、ＮＨＫで放送されている『ブラタモリ』という番組を思い出しました。この番組が人気となっていることも頷けます。

「阪神ＫＡＮお散歩マップ」の制作活動を含め、多くの活動に参加したことで、座学だけでは学べない、実際に働く人の視点や考え方を知ることができました。授業で学んだことを活用して、そこから新たに学ぶという「学びの循環」が生まれたように思えます。

経営学部の一期生として入学し、多くの活動に参加するなかで自分自身が感じる変化は、行動力がつき、初対面の人と話をする際に緊張しなくなったということです。実践学習に参加するということは、学内で座学を受けるだけではなく、学外へ活動場所を広げるといった環境に身を置くことになります。初めてお目にかかる人も多く、活動においてかかわっていくうちに、初対面の人とも話ができるようになりました。また、興味があり、行動すれば何でもできるため、やってみたいことがあれば周囲に相談し、アドバイスをもらいながら仲間を集めて、実行に移すという力もついたと実感しています。

卒業するにあたり、実践学習を含めた学部での活動やボランティア活動など、四年間で多くの経験ができてよかったという気持ちが大きいです。好奇心と探求心をもって何かをしたい、何かができるようになりたいという気持ちを忘れずに、これからも進んでいきたいと思います。

第4章　甲子園歴史館のリニューアル

（片山優希）

経営学部に進んだのは……

中学一年生まで茨城県に住んでいた私は、親の転勤が理由で大阪に引っ越しました。幸いにも、両親が関西の出身であったため武庫川女子大学を知り、附属高等学校に入学して大学の経営学部へ進学したわけです。

高校時代、自宅から学校が遠かったために部活には入りませんでした。しかし、高校三年間の学校行事の思い出がたくさんあり、しかも「濃い」ので、これまでの生活を振り返ると一番楽しかったです。今でも一番仲のよい友達といえば、やはり高校時代の人たちとなります。

私が経営学部を選んだ理由は、大きく分けて二つあります。一つは、就職についてまったく考えていなかった私としては、たくさんのことが学べるだろうと思っていた経営学部が選択肢のなかで一番よかったのです。事実、マーケティングの基礎を学んだり、自分で企画発表を考えたり、グループワークをしてみんなと一つの意見を出すという機会は、のちの就職活動や就職後に必ず役立つと思っています。

もう一つの理由は、「実践学習」があったからです。実践学習というのは、４単位以上を取らないといけないので負担が大きいと言われていますが、苦に感じたことはまったくありません。それどころか、実践学習には活動内容の種類が多く、迷ってしまうほどの選択肢を見ていると楽しくなってきます。そのなかから私が選んだのは、「阪神電車の実践学習」、「パソナグループのプロジェクト」、そして、今回お話する「甲子園歴史館の実践」です。

このように偏ってしまったのは、「鉄道が大好き」ということが理由となります。と同時に、阪神タイガースも大好きなので、その本拠地である甲子園球場について詳しく知りたいと思ったからです。

実は、最初はタイガースだけだったのですが、のちに高校野球にも興味をもちはじめました。「甲子

筆者

園歴史館」には阪神ファンと高校野球ファンが集まってきますので、現在の私からすれば、最高の対象となります。

いずれにしても、たくさんの選択肢のなかから、好きなもの、興味や関心があるものが選べるというのが実践学習の楽しさです。卒業までに単位を取らなければならないと負担の面ばかりに意識が行きがちですが、私からすれば、「そんなことは考えすぎだ」と思っています。

それでは、「甲子園歴史館」の実践学習について振り返っていくことにします。

甲子園歴史館とは？

二〇一〇年三月一四日に開館した「甲子園歴史館」は、阪神甲子園球場の外野スタンド内にある博物館です。阪神電車の「甲子園駅」からは徒歩約七分ですから、タイガースファンであれば訪れた人が多いことでしょう。元々は、阪神タイガースが球団創設五〇周年を迎えた一九八五年から、「阪神タイガース史料館」という名前で甲子園球場のライトスタンドの直下に開業していた施設となります。

野球に詳しくない人でも阪神タイガースのことはご存じかと思いますが、まずは球団創設に関して簡単に説明しておきましょう。

阪神タイガースはプロ野球球団であり、セントラル・リーグ所属しています。日本に現存するプロ野球一二球団のなかでは、読売ジャイアンツに次いで二番目に古く、一九三六年にプロ野球のリーグ戦が開始されたときからある球団の一つです。

一九三四年末に創立された「大日本東京野球倶楽部」、球団名が「東京巨人軍」であったオーナーの正力松太郎（一八八五～一九六九）は、複数球団による職業野球リーグ結成を画策し、東京市、大阪市、名古屋市の三大都市圏におけるリーグ戦の開催を目指していました。当時、日本最大の球場であった甲子園球場を所有する阪神電気鉄道に球団創設の誘いがかかり、阪神電気鉄道を親会社に、甲子園を本拠地とした球団の設立が決定しました。そして選手を集め、一二月一〇日に「株式会社大阪野球倶楽部」、球団名を「大阪タイガース」として設立されたわけです。

ちなみに、甲子園球場が開場したのは一九二四年八月です。本書が出版される二〇二四年は、「開場一〇〇周年」という記念すべき年となります。

このようなタイガースにおける史料の一部を常時展示するとともに、入場無料で公開していた「史料館」は、二〇

バックネット裏から見た甲子園球場

○七～二〇〇九年度に行われた全面改修工事のため、関連史料の展示を二〇〇八年の七月に終了しています。また、翌月の八月には、第九〇回全国高等学校野球選手権記念大会の期間中に高校野球関連の企画展示を実施しましたが、大会の終了後、「史料館」は閉館となりました。

しかし、甲子園球場の全面改修工事が二〇一〇年の初頭に完了したことを受けて、阪神タイガースは「史料館」をベースにした「甲子園歴史館」を開業したのです。新たなスタートとなり、多くの来館者を集めることになりました。

展示スペースの総面積は約一二〇〇平方メートルで、ライトスタンドとレフトスタンドの下（二階部分）や、スコアボード後方のスペースも活用されています。このため、「史料館」のときと比べると、格段に広いスペースが確保されています。これにより、阪神タイガースに加えて、春と夏に開催される高校野球（選抜高等学校野球大会・全国高等学校野球選手権大会）や、毎年一二月の第三日曜日に

甲子園歴史館の入り口

バックスクリーン側から見る甲子園の雄姿

開催されている「毎日甲子園ボウル（全日本大学アメリカンフットボール選手権大会）」に関する史料も、関係機関や個人の提供・協力のもと展示できるようになりました。

二〇二二年三月三日からは、展示スペースの一部を、スコアボードの裏側に造られた商業施設「甲子園プラス」内にも拡張しています。この施設と球場は、歩行デッキでつながっています。

展示内容は、甲子園での高校野球大会に出場したあとプロ野球へと進んだ現役選手やＯＢをはじめとして、過去の大会出場校から寄贈された史料となっています。また、甲子園球場で開催されたプロ野球・高校野球においてメモリアルな記録が達成された場合には、その際に使用されたボールやバットが「甲子園歴史館」に寄贈されています。

これらの展示物を見て回るのもいいのですが、「甲子園歴史館」では、スタジアムツアーをはじめとする企画展やトークショーなど、随時イベントが開催されていますので、シーズン中だけでなく、オフシーズンにも楽しめるところとなっています。

「甲子園プラス」の外観

この実践活動を選んだ理由

この実践活動を選んだ大きな理由は、先ほども説明したとおり、両親が大阪出身で私が小さいころから阪神ファンであったことです。

茨城県に住んでいたとき、東京ドームには行ったことがありませんが、神宮球場や横浜スタジアムにプロ野球観戦に出掛けるというのを毎月の楽しみとしていました。当時はとくにそうでしたが、テレビで放送される阪神戦といえば巨人との試合ぐらいだったのです。それが理由で、私たち家族はもっぱら球場での観戦をしてきたわけです。そのことを幸せに感じる日々、非常に恵まれていたと思います。そして、中学二年生のときに大阪の学校へ転校しましたので、周りに阪神ファンが多くなってとても楽しい気分になりました。

実は、大阪に祖母が住んでおり、その家へ遊びに行くときの楽しみが阪神タイガースの試合を観ることでした。しかし、行くのは夏休みでしたから、高校野球のシーズンとなります。そのため、夏休みには「京セラドーム大阪」ばかりに行っていました。

「京セラドーム大阪」は、その名のとおりドーム球場であり、多目的ホールなどを備えた複合レジャー施設となっています。現在は、プロ野球の「オリックス・バファローズ」の本拠地となっているほか、ライブ会場としても使われています。

タイガースの試合を観るとき、関東と関西でその場の雰囲気がとても違います。関東でもたくさんの阪神ファンがいて、とてもフレンドリーな人がいて面白いのですが、やはり地元関西のライトスタンドの熱気はすごく、球場全体が盛り上がっている感覚を身体全体で感じることができるのでとても楽しいです。

実は、祖母も阪神ファンでしたので、タイガースで活躍したという昔の選手のことをよく聞かされたものです。でも、正直に言うと、昔の選手はテレビで見かけるような有名な選手しか分かりません。球団創立約九〇年、それぞれの時代における阪神タイガースの存在を改めて感じてしまいます。

さて、私が初めて甲子園球場を訪れたのは高校生のときです。前述したように、高校は甲子園球場にほど近い、武庫川学院へと進学しました。そのときの友達と、初めて阪神VS巨人戦を観ました。今でも、そのときの熱気と感動を覚えています。巨人といえば一番のライバルチームです。ヤジも含めてですが、甲子園球場で必死になって応援しているファンの姿を見ているととても面白かったです。

京セラドーム大阪

それからというもの、ちょくちょく夏の高校野球大会も観に行きました。甲子園球場について興味をもちだしたのはこのころです。この時期、全国の球児、いやそれだけでなく全国のファンがこの球場に注目し、毎日、スポーツニュースなどで観ているのです。異常とも言えるこの状態に興味をもったわけです。そんな興味が、ここで紹介する実践学習への参加につながっていると思います。

そして、この実践学習に参加すると、とんでもない楽しみが待っていました。それは、甲子園球場で働く人々に会え、野球観戦以外で甲子園球場の中に入れるというスペシャルな特典です。

そういえば、高校野球でも深い思い出があります。何度もしていた高校野球観戦ですが、二〇二〇年の「一〇〇回記念大会」となる夏の全国高校野球選手権のときに知人が出場するというので観戦していたのですが、熱中症で倒れてしまったのです。そのときは、仙台育英高校のチアリーダー部の人たちに助けてもらいました。その日から私は、毎年、仙台育英高校の試合は激しく応援しています。二〇二二年の夏、全国高校野球選手権で仙台育英高校が初優勝した際には、まるで母校が優勝したようにはしゃぎ、本当にうれしかったです。

このような背景のもと、そして私自身の興味だけで、実際に甲子園球場に足を踏み入れ、「甲子園歴史館リニューアル」について考えるために参加した学生一二人のうちの一人となり、提案づくりに取り組むことになったわけです。

実践活動の内容

実践活動がはじまってから、いやその前からすでに、コロナ禍によって武庫川女子大学の授業は大きく制約されていました。「甲子園歴史館リニューアル」の実践学習も例外ではなく、なかなかスタートできませんでした。それでも、「やれることはやろう」ということで、キックオフとなりました。

初日はリモート授業でした。Zoomを使って、「阪神電鉄スポーツ・エンターテインメント事業本部・甲子園事業部」に所属されており、「甲子園歴史館」の担当である西村彩莉奈さんからプロジェクトの概要説明があったほか、本田一成先生からはリサーチの講習を受けました。

リサーチとは現場で何かを発見することだ、と私は誤解していたので、先生から「大学内で答えを見つけておいて、それを現地で確かめるイメージで進める」と言われてとても驚きました。もしそうならば、コロナ禍だろうと何だろうと、準備だけは進められます。

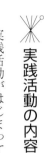

西村さんからは、「まずは、『甲子園歴史館』の見学をするように」と進められました。しかし、コロナ禍です。なかなか日程が決まりませんでした。約一か月半後、ようやく日程が決まり、甲子園球場前で初めて本田先生や実践学習のメンバーと対面しました。

この日は、「甲子園歴史館」の見学前に、甲子園球場のスタジアムツアーに参加させてもらいました。私たちだけかと思っていたら、何と一般のお客さんも一緒でした。阪神ファンに新型コロナは関係ないようです。しかも、かなり熱心な男性ファンでした。

　スタジアムツアーはとても有益でした。野球を知らない人にも分かりやすいと思える説明となっていましたし、他球団のファンの人にとっても聞きやすいものだったと思います。また、甲子園球場で見るべきポイントが網羅されていましたし、そのなかにおける「甲子園歴史館」の立ち位置が分かるものとなっていました。

　見学後、「甲子園歴史館」は甲子園球場にとって不可欠であるだけでなく、溶け込んでいるようにも思えてきました。もし、「甲子園球場には歴史を感じる」と言うファンがいたならば、その歴史のすべてを答えてくれるのです。

　見学から三週間後、Zoomでミーティングを行いました。お客さんの視点で、とても面白かった点や気になった点、改善したらよいと思われる点などを出し合ったあと、本田先生に促されて、見学の振り返りや気付いた点を全員が発表する形で意見交換をしました。これらの内容は、次の

見学中にブルペン付近でガイドさんからの説明を受けるメンバー

見学会で確かめる点となりました。

また、「甲子園歴史館」をアピールするために、ツイッター（現X）への投稿文の作成も行いました。館内見学やスタジアムツアーを終えたあと、来館して欲しい年齢層に響くようなアピールポイントを、グループに分かれて「甲子園歴史館」のツイッターアカウントに発信したわけです。

さらに私たちは、コロナ禍をかいくぐり、別の日にもう一度「甲子園歴史館」の見学に出掛けました。その際には、甲子園球場にある会議スペースで西村さんたちと意見交換を行っています。まるで、リニューアル提案の中間発表みたいな形となりました。

コロナ禍で思うように動けないどころか、学内でも対面のミーティングは制限されていました。学外の活動としては見学会と意見交換会だけでしたが、最終的な提案内容は、チームではなく個人発表となります。本田先生が言うとおり、何かを発見するのではなく、自分たちで練り上げる活動になるので、準備にとても時間がかかりました。

ヒーローインタビューパネルの前で記念写真。前列左から2番目が筆者

あるメンバーは、単独でもう一度「甲子園歴史館」を訪れたと言いますし、そこで観た阪神タイガースや高校野球についての情報をさらに探したりして、アイデアを完成させたという人もいます。

最後に、「甲子園歴史館」がリニューアルを機にさらに興味深い施設になるよう、それぞれが練ったリニューアルプランについてスライドを作成し、「甲子園歴史館」の方々へ提案発表を行っています。ただ、その間にリニューアル後の新しい施設内容が明らかになりましたので、私たちが考え出した提案は一般的なものとなっています。

そのときのスライドを改めて見ると、発表会で私は次のような分析を行っていました。

・歴史館の分析としては、施設の長所として、貴重な資料が多い、体験コーナーがたくさんありスタジアムツアーと連動している、フォトスポットの豊富さなどが挙げられる。つまり、普段では分からない甲子園球場の体験ができる。

リニューアル前の甲子園歴史館の展示。私たちは、文字サイズについての改善案を出した

リニューアル後の高校野球のコーナー。背景の色が変わり、見やすくなっていた

・その半面、来場者の年齢に偏りがあって若者が少ない、タイガースファンが多い、入場料が高額、フォトスポットなどが分かりづらい、といった指摘できる。

そして、これらをふまえて次のような提案をしました。

・来場者キャンペーンを実施し、新しくなった歴史館の宣伝を広げる。たとえば、親子や友達など、複数客を誘導するような広報宣伝をＳＮＳや阪神電車沿線の各駅や車内で行う、リニューアル後の来場者先着一万人に「記念ハンカチ」をプレゼントする。

ほかのメンバーの提案のなかに面白いものがありましたので紹介しましょう。なお、このうちのいくつかは、間接的に採用されています。

・子どもの来場者を増やすため（親の来場も増える）、体験コーナーやエリアを増やす。

・野球ファンが、野球ファンではない人を連れてくる仕

最終発表会。一人ずつ発表する形式でとても緊張した

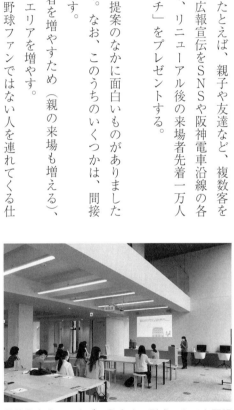

掛けを入れる。そのために、学割やファミリー割などを導入する。
・好きな文字や背番号が圧着できるオリジナルユニフォームを販売する。
・SNS拡充のために、芸能人、宣伝大使、キャラクターを使う。
・飲食スペースを設置する。
・説明文や照明などを工夫して、展示物がもっと見やすくなるように工夫する。
・クリスマスやハロウィーンなどの時節イベントと連動させる。
・これまで以上に阪神タイガース関係の展示を増やす。

実は、多くのことを忘れてしまっていた

実を言うと、この原稿を書きはじめた時点で、「甲子園歴史館プロジェクト」の活動に関する詳しい記憶が消えていました。お叱りをいただきそうですが、これも実践学習の現実だと思います。

リニューアル後の阪神タイガースの展示ブース。説明が見やすくなった

リニューアル後は、選手が使っていた道具などに触れられる

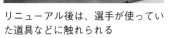

これには、いくつかの原因があるかと思います。

まず、コロナ禍のために十分な活動ができず、「付け焼刃」的な活動になっていたことが挙げられます。終始一貫して、「やり遂げた」というよりは「断続的な努力」が続きました。

また、内容自体に問題があったわけではありませんが、私自身がこれまでに阪神タイガース関連の実践活動をいくつか行っていたことから、混乱したということもあります。かつて私は、「阪神タイガースの女性ファンを増やす」（第6章参照）という実践学習にも参加しており、どちらも来場者を増やすという点では共通していたため、記憶があいまいになっていたと思われます。

とはいえ、私自身が出した最終レポートや写真を改めて見ると、徐々にですが思い出すことができました。とくに、一緒に活動したメンバーに対する記憶が戻ってきました。元々知っていた学生たちと一緒に活動したわけではなく、見学会などで仲良くなった学生のことです。実践学習が終了してからも、声をかけたりするなどといった交流が続いています。

また、実践学習のメンバー全員が野球ファンというわけではありませんでした。さらに、プロ野球には興味があっても、阪神タイガースのファンではないという学生もいたのです。阪神ファンの私からすれば「えっ⁉」と思ってしまうところですが、このような人たちとクラスを超えた交流ができるというのも、実践学習のいいところだと思います。

最終発表を行ったのは二〇二一年二月でしたが、振り返ってみると、それまでコロナ禍が一番ひどい状態で、緊急事態宣言などが理由で外に行けなかったという記憶ばかりです。五類となった現在（二〇二三年）ではそれほど騒がれなくなり、ほとんど元の生活に戻りつつありますが、私たちの学生生活は高校三年生の二月から大学入学後まで、ほとんど学校に行けないという生活となっていました。このような経験はなかなかできません。そんな時代を生きたんだなと、最近では思っています。将来、何度も思い出すことになるでしょう。

西村彩莉奈さんへインタビュー

　本書の原稿を書くことになったため、二〇二二年一二月一五日、実践活動でお世話になった西村さんからもう一度お話をうかがおうと思い、「甲子園歴史館」を訪問しました。リニューアル後に別件で訪れていますが、改めて眺めてみると、外見がとても大きく見え、以前より見栄えがよくなったと思いました。

リニューアル後の甲子園歴史館に入館したときの風景。スクリーンが客を迎え入れる

　久しぶりに会ったのに、私たちのことをよく覚えていてくれました。それに乗じて、遠慮なく

さまざまな質問をしています。興味深かったのは次のような話です。

私たちが行った「甲子園歴史館リニューアル」の実践学習以前に、阪神電鉄と阪神電車の沿線にキャンパスがある武庫川女子大学は、共同で「鳴尾・武庫川女子大前駅」の工事や乗車マナー向上といった企画などで協力してきたという背景があり、その延長線上で、経営学部に対して「甲子園歴史館リニューアル」という実践学習の企画を提案してくれていたという事実です。

実践学習当時を振り返り西川さんは、私たちメンバーに関するイメージを次のように語り出しました。

「みんなとても素直で、よい子が多かったですね。参加したメンバーには野球好きが多く、女子大生のタイガースファンがたくさんいることにとてもびっくりしました。さまざまな視点から最終的な提案をいただき、ありがたかったです」

私の友達には熱烈な阪神ファンや他球団のファンがたくさんいるので女子大生のファンが多いと言われても驚かないのですが、西川さんの話を聞いて私自身は、行った活動の貴重さを改めて確信しました。つまり、大学生目線、女性目線で、「甲子園歴史館」のスタッフとは違うアイデアが提案できるという機会はあり得ないということです。

私たちは経営学部の学生ですし、とくに武庫川女子大学の経営学部は、一年生のときから企画案やプレゼン発表を学ぶだけでなく、たくさんの経験していますからまったく苦にならなかったのですが、企業のほうからすれば意外だったということになります。

どちらかといえば、実際に企業の当事者から意見をもらったり、質問されることが理由で、私たちはとても緊張していたと思います。

私には転校経験があるので、新しい友達をつくったり、初対面の人と話すというのは苦手ではありません。ですから、グループワークなどでは積極的に話せるのですが、さすがに企業の人の前ではそれがやりにくく、なぜか発表などになると緊張してしまうのです。今考えても仕方のないことですし、今後、練習や経験を積むことで乗り越えていきたいと思っています。

改めて西村さんに私たちのリニューアル案の評価を聞いてみると、とてもうれしい返事が返ってきました。

「みなさんのリニューアル案ですが、実際にいくつか取り入れたものがあります。たとえば、展示物の説明文を大きくしたり（一八二ページの写真参照）、もっと見やすくするために照明の当て方にこだわりました」

実は、私のリニューアル案も採用されたと思えることがあります。私は、甲子園歴史館リニューアルを記念した来場者グッズとして、ハンカチのプレゼントを提案していました。実際のリニューアル後、そのグッズとして「今治タオル」が採用されていたのです。個人的には、取り入れていただいたと思っています。もちろん、規定路線だったのかもしれませんが、採用されたと勘違いして喜んでいる私自身を褒めてあげたいのです。

小さなことかもしれません。ほかの実践学習では却下されることもあるでしょうが、学生のアイデアが企業で採用されるという経験は格別なものです。実践学習として四〇時間以上を使うわけですが、その負荷は時間以上のものになります。四六時中とは言いませんが、集中しはじめるとかなり消耗するというのも事実なので、それに対する「報い」が何もないとやはり厳しいです。単なる「快感」を望んでいるわけではなく、企業の人に受け止められ、認められることが一番うれしいのです。そのためにも、この活動には真剣に取り組む必要があると言えます。

私はちゃっかりしているので、実践学習だけでなく、就職活動の相談もしてきました。なぜならば、冒頭で述べたように、大好きな旅行と鉄道が本業となっている鉄道業界に就職したいと思っていたからです。相談した結果、西村さんから「大丈夫だよ」と言ってもらえたことが現在の就職活動における励みとなっています。

このとき、西村さんが鉄道業界を志望した理由とか、なぜ阪神電鉄にしたのかについても話を聞いています。私たちは経営学部の一期生で上級生がいません。つまり、こと就職に関しては不安感が大きいのです。それだけに、実践学習の活動でお世話になった企業の人からリアルな話を聞くことができたこと、また相談に乗ってもらえるという環境はとても心強いわけです（ちょっと厚かましいですが……）。

何とか鉄道業界に就職して、直接お客さまが喜んでいる姿が見られる仕事に就きたいと思っています。

リニューアル後の「甲子園歴史館」

西村さんと別れたあと、改めてリニューアル後の「甲子園歴史館」を見学してきました。その印象や感想について書いてみたいと思います。

まず、目を引くのは、リニューアルに合わせて「甲子園プラス」という大きなショッピングモールができていることです（一七三ページの写真参照）。「甲子園プラス」は、「野球・スポーツ振興の場」と「地域の憩い・子育て・学びの交流拠点」をコンセプトに、「甲子園歴史館」のほか、シミュレーション野球の体験施設、野球用品の専門店、子ども向けの施設、そしてファミリー層を中心ターゲットとする飲食店が出店しています。

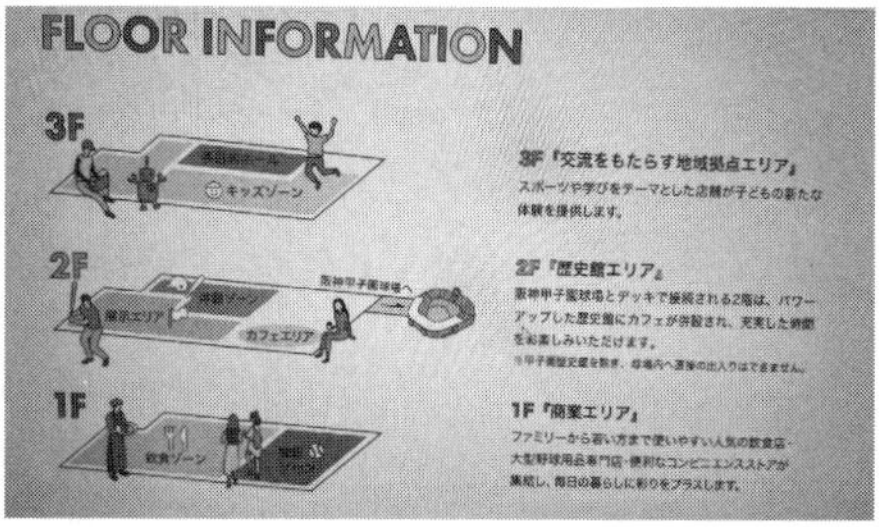

甲子園プラスのフロア案内

フロア構成は、地上に位置している一階では飲食店を展開するほか、コンビニや関西初出店の大型野球用品専門店が出店していました。二階は甲子園球場と歩行者デッキで接続されており、前述したように、阪神タイガースのコーナーがこちらに一部移転されていました。また、実際に体を動かして体験できるコーナーが加わったほか、隣にはベーカリー&カフェもあり、そこには野球関連の本が並ぶ書棚もありました。

そして三階には、関西初出店となるキッズスポーツ施設「パルクールプレイハウス」やロボットプログラミング教室「プログラボ」が並び、スポーツ・学び・子育てをテーマとしたフロアとなっています。

余談ですが、食べることに興味がある私にとって一番うれしかったのは、やはりレストランフロアです。

「甲子園歴史館」に入ってすぐ気付いたのは、規模が大きく、つまり広くなっていたことですが、そのなかでもタイガースのコーナーが大きくなっていたことがうれしかったです。これも学生が提案したとおりでした。

もちろん、以前のままというコーナーもありましたが、バッティ

タイガースコーナー

歴代監督の写真

ングセンターができたことや、何よりも全体的に陳列が見やすくなっていて、とても分かりやすくなっていました。

出口付近には、OBたちのメッセージがたくさん書かれていました。黄色のボードに黒色で書かれたこの展示、まさしくタイガースカラーです。非常にデザイン性が高く、素晴らしい展示だと思います。そして、このようなメッセージがさらに増え、野球少年たちの心の支えになればいいなと思います。

「甲子園歴史館」と「甲子園プラス」、これらの施設は言うまでもなく「街づくり」に絡んできます。キャッチコピーどおりに言えば、「三六五日にぎわいのある『ボールパークエリア』の形成」であり、「スポーツをテーマにしたまちづくり」となります。つまり、球場だけでなく、甲子園エリアの活性化に取り組んでいるということです。そのせいでしょう、実際、家族

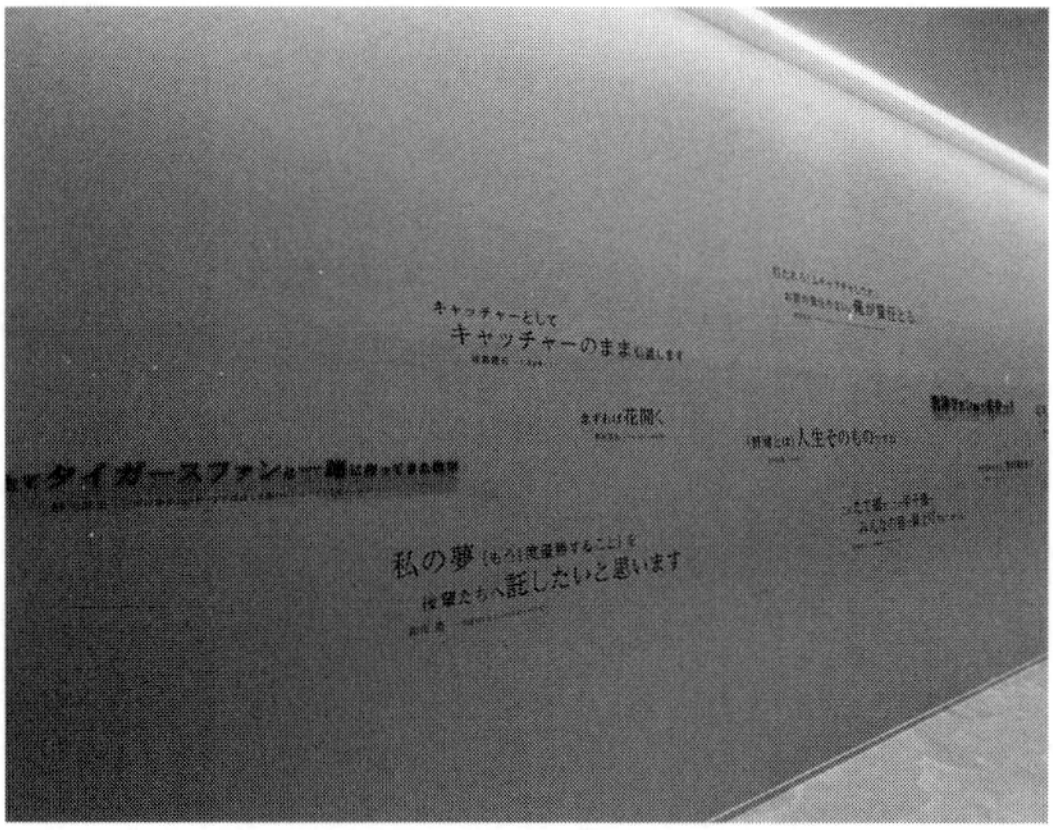

OB からのメッセージが並ぶ出口付近

連れの人が多かったです。

しかし、一度でも「甲子園歴史館をどうすべきか」というプロジェクトに携わった経験からすると、エリアとしてまとめる前に、まずはさまざまな事象を分解してみたくなります。最後まで分解して、「甲子園歴史館」とともにエリアのことを考えたくなります。

このように考えると、「甲子園歴史館」という現場には何かが宿っていると思えてしまいます。そして、非常に細かな判断の積み重ねで成り立っているのではないだろうかと感じてしまいます。それが何であるのか、私には答えるだけの知識はありません。しかし、ファンだけでなく多くの人がここに来ているという事実があります。今立っている地点がどうような歴史をもっているのかについて考えることがとても大切だ、と思えてきました。

このように感じてしまうことも、実践学習の効果なのかもしれません。

貴重な経験を手にして社会人へ

「甲子園歴史館リニューアル」という実践学習に参加できて本当によかったと思っています。改めて、甲子園球場について学べましたし、約一〇〇年という歴史に触れ、新たな発見がたくさんありました。

最終提案の発表会では一人ずつの発表となっていましたが、一人で行うという機会はこれまで履修した実践学習ではなかったので、貴重な体験となりました。うぬぼれかもしれませんが、一生懸命考えた具体的なリニューアルプランが発表できたと思っています。

やはり、「甲子園歴史館」の方が言っていた、「来年のリニューアルに向けて、みなさんのアイデアをどう生かせるか、歴史館内でも議論していきます」という言葉が忘れられません。学生の提案を真剣に検討してくれたのです。そして、部分的にですが、反映されたのです。「感動」のひと言です。また、この活動を本で紹介するという機会をいただけたことで、活動が終わってから振り返れたことも大変ありがたかったです。

私たちメンバーが卒業したあとも、「甲子園歴史館」は時を重ねていきます。新しい歴史館づくりに立ち会えた私たちの経験も、その一ページを飾ることになります。その「重み」をふまえて、今後の社会人生活に生かしていきたいと思います。

二〇二三年八月二〇日、マジックを26とした阪神タイガースは、横浜ベイスターズに「2対0」で勝ちました。かつて私が野球観戦に行っていた横浜球場から、『六甲おろし』の大合唱が耳に届いたかのような気がしました。

そして、ご存じのように、九月一四日にリーグ優勝（アレ）を決め、一一月五日二一時四四分、三八年ぶりの「日本一」に輝きました。「甲子園歴史館」には、優勝記念品として何が飾られるのでしょうか。それを確かめるために、また伺います。

第5章　できたばかりのムコジョ経営学部の「タリーズコーヒー実践学習」で学ぶ

（田中里奈）

私を大きく変えるキッカケとなったもの

二〇〇一年六月、堅実な父とユーモアたっぷりの母のもとに私は生まれました。父は海外での仕事が多く、私が誕生してすぐのタイミングでアメリカに単身赴任となったので、祖父と母と私の三人暮らしという家庭環境で育ちました。ひとりっ子、そして甘々な環境で私は極度の人見知り。保育園に通っていた当時の私はとにかく泣き虫で、先生を困らせ続けていました。

のちに、私に大きな影響を与える習い事との出合いがありました。それは、小学二年生のときにはじめたダンスです。母によると、私は小さいころからダンスが大好きで、レッスンに通いはじめ、どんどんその魅力にハマっていきました。

友達の前で踊ったり、レクリエーションで友達にダンスを教えて披露したりという機会が何度かあったことで、人に教えることの難しさや人見知りが解消され、不器用ながらも人前に立つことへの自信など、さまざまな感情を抱くきっかけにつながっていきました。

高校時代は、一日の大半をK-POP（コリアンポップス）に費やす生活でした。入学してすぐ、大阪にある「K-POPダンススクール」(1)に通いはじめました。熱中しすぎて勉強が疎かになってしまい、あっという間に受験生です。高校の熱血教師とマンツーマンで、毎日、放課後遅くまで勉強するという日々が続きました。

将来の夢を含めた選択肢として、ダンス留学することと経営学を学ぶことがありました。そんなとき、武庫川女子大学に日本で初となる女子大学の経営学部ができることを知り、一期生での入学を目標に、マーケティングを学んでみたい一心で志望しました。

合格を先生に伝え、笑顔で握手された瞬間は、今でも私にとって忘れることのできない一瞬です。そのとき、「四年間しっかり学ぼう！」と、気持ちを新たにしたことを思い出します。先生

筆者。奈良県の金魚ミュージアムにて

にも、胸を張って「大学生活頑張っています」と伝えられるように日々奮闘しています！

コロナ禍での大学入学と初めての実践学習

二〇二〇年四月、緊急事態宣言が出るなか、コロナ禍での大学生活がはじまりました。先生も生徒も初めてという慣れないオンライン授業がはじまったのと同時に、授業の一環で社会人と交流できるという企画に参加しました。そのゲストが、西宮市でキッズダンススクールの「ＫＤＴ」(2)を経営されている北内貴子さんでした。北内さんは武庫川女子大学の卒業生で、zoom で楽しくお話をうかがったのち、二日後のレッスンに参加させていただきました。これは、「自主企画第一号」となる実践学習になりました（五六ページ参照）。

そこで私は三か月間、週に一回、三時間のダンスレッスンのアシスタントとして子どもたちに指導補助を行ったほか、ＳＮＳマーケティングに興味があったため、インターン生として独自の Instagram アカウントを開設し、発信を続けました。

その後、実践学習の集大成としてワークショップを自ら企画、運営し、実行しています。定員

(1)「URIZIP」住所　〒530-0051　大阪市北区太融寺町３－27。
(2) 住所　西宮市鳴尾町３丁目２－６　鳴尾ツインビル四階。

をオーバーするほど子どもたちに大人気となったワークショップを開催することができ、何とか成功を収めることができました。

インターン生としてかかわらせていただくなかで、「なぜ、このダンススクールに通わせることを決めたのか？」ということに興味をもち、「我が子を安心して通わせることができる習い事の条件は？」など、お母さん方に向けた自主アンケートを行いました。その回答を見て、何よりも子ども時代に「好き」を見つけることの重要性を再認識しました。

コロナ禍、大学生という実感もないなかでのインターン。スクールの運営に携わらせていただくなかで、「働くとは何か」を学ぶ貴重な経験になったと思っています。

「タリーズコーヒー」の実践学習へ

大学生になって初めてのアルバイト先として、「lemonade by lemonica イオンモール伊丹昆陽店」（現在は閉店）を選びました。二〇一六年に誕生し、レモネードブームに乗って、全国展開

KDT キッズダンススクールの実践学習の集大成となった「NiziU」のダンスワークショップで子どもたちに挨拶する筆者

しているオリジナルの専門店です。レモンの爽やかさをウリにしたメニューが豊富で、スタッフが一つ一つ手作業で仕上げるところが特徴となっています。商品を提供したときに喜んでもらえることで、接客の楽しさや嬉しさを感じました。

また、高校生のころから友達とカフェに行くことが好きで「カフェめぐり」が趣味となり、現在は、今までに訪れたカフェをＳＮＳで発信するなど、新たな形へとつなげています。

このような接客の経験やカフェめぐりの経験が生かせると思い、二年生になった私は、「タリーズコーヒー」の実践学習に参加することにしました。

二〇二二年一〇月から、「タリーズコーヒー」の実践学習はスタートしました。一〇月一日、まずはタリーズコーヒーのイロハを知るために、メンバー全員で大阪難波の研修センター(3)へ向かいました。タリーズコーヒーの店の前に着くと、高橋千枝子先生も含め初対面のメンバーが多く、とても緊張したことを覚えています。

私自身、前述したようにカフェめぐりは好きなのですが、コーヒー自体には苦手意識があります。「スターバックス」には、コーヒー以外のドリンク、フラペチーノなどがあることが分かっていたのでよく利用していましたが、「タリーズコーヒー」にはコーヒー以外のドリンクが飲め

(3)　〒542-0076　大阪市中央区難波4－1－1　近鉄難波ビル。

るイメージがなかったため、実践学習として「タリーズコーヒー」とかかわるまで、私と「タリーズコーヒー」との距離は遠かったように思います。

研修では、まず「もっと若者に愛されるお店を目指せ！　タリーズコーヒーの課題解決プロジェクト」の目的、今よりももっと一〇代・二〇代前半の若年層が「タリーズコーヒー」を利用してもらうために、どのように商品メニューやSNS活用を含む店舗づくりをしていけばよいのかについて、アンケート調査や覆面調査などをもとに提案するという点について確認しました。

次に学んだのは、以下に示す企業理念です。

——一杯のコーヒーを通じて、「お客様」「フェロー(4)」「社会」に新しい価値を創造し、共に成長する。

そして、フェローが大切にしなければいけない「五つの最高」について説明を受けました。ブラジルの農園で実際につくっている「最高の豆」、「最高の焙煎」、「最高のバリスタ」、「最高のホスピタリティ」、「そして最高の……」、つまりフェローが毎回目標を立てて行動をすることなどといった「タリーズコーヒー」が意識している部分を学んだわけです。

また、お客さまの退店時には、「ありがとうございました」と過去形を使うのではなく、現在進行形で、ずっと気持ちが続くように「ありがとうございます」を使うなどといった挨拶の仕方や働く際のきまり、企業が取り組んでいることやコーヒーへのこだわりを叩き込んでもらいました。

「タリーズコーヒー」はスペシャルティコーヒーショップです（一五二ページ参照）。最高の一杯をお客さまに召し上がっていただくために、素材の品質、そして安全性を常に考えています。二〇〇一年、「タリーズコーヒー」はシアトル系スペシャルティコーヒーの「海外焙煎」という常識を覆し、国内焙煎に切り替えました。海外焙煎では「焙煎したての美味しさ」をお客さまに届けられない、と判断したからです。

そして、二〇一三年、静岡県に「タリーズコーヒーロースティングファクトリー」が完成！スペシャルティコーヒーを提供する企業として、一歩先を進んでいます。

また、「タリーズコーヒー」のエスプレッソは、お客さまにオーダーをいただいてから、半手動式のエスプレッソマシンで一杯一杯抽出したものです。最高のエスプレッソを抽出するために、コーヒー粉の重量、温度、抽出時間、抽出量などといった細かなルールを守り、お客さまに満足いただける一杯を提供しています。

（4）　タリーズコーヒーでは従業員のことを「フェロー」と呼んでいます。

研修の最後には、フェローと同じエプロンを着用させていただき、実際にコーヒーを淹れるという体験をしました。ここまでが、一般的なアルバイト生が受ける研修の三分の一程度となりますが、コーヒーを実際に淹れるとなると緊張感がかなり漂いました。しかし、このときにメンバーの仲が少し深まったような気がします。

そして、これまでゼロだったコーヒーについての知識を「これでもか！」というほど蓄えた直後だったこともあり、たくさんの人の思いがこの一杯に詰まっているのだなと思いながらいただきました。

コーヒーはコーヒーでも、豆の種類で味がかなり異なることを初めて知りました！　コーヒーが苦手な私でも飲みやすく、とても美味しかったです。

その後、一二人（一年生六人・二年生六人）がランダムに三グループに別れ、グループワークとなります。「タリーズコーヒー」の実践学習において、初めて後輩と一緒にグループ活動を行うことになりました。

実践学習が初めての後輩へ、私たちがどのようにリードしていいのか、どのように役割分担をするべきなのか、とても難しいときもありました。しかし、参加理由が、私と同じくカフェめぐりが趣味というメンバーが多く、すぐに仲良くなりました。

最初の活動は、各メンバーがそれぞれ決めた三店舗への覆面調査でした。私たちが調査した店舗は、伊丹店、兵庫医科大学病院店、ＴＳＵＫＡＳＨＩＮＮ店（現在閉店）でした。担当教員の高橋千枝子先生から、覆面調査の流れやポイントを教えていただきました。

オーダー時には、店員さんにオススメの商品を聞いたり、カスタマイズの種類、コーヒーが苦手な人でも飲みやすいものなど、少し厄介に思われるような質問をするなど工夫しました。

このとき、接客対応のほかに、店内の様子、客層の雰囲気などにも注目しています。オーダーの際にはフェローの反応や言葉の一つ一つをチェックするということで、私は「抜き打ちテスト」をしているような気持ちになり、非常に緊張したことを覚えています。二回オーダーをすると不審に思われてしまうため、覆面調査でのオーダーは一回目が勝負であったということもプレッシャーを感じていた原因です。

ちなみに、「あまりタリーズコーヒーを利用したことがなく、詳しく分からなくて。おすすめはありますか？　コーヒーが苦手なのですが……」と私が質問したとき、フェローは季節限定

覆面調査でホリデードリンクを楽しむ筆者。伊丹店はとても居心地がよく、長居してしまった。右の写真は TSUKASHINN 店

のドリンクを説明してくれたり、私の要望に沿うようにカスタマイズを提案してくれたりと、親切な対応でした。

二店舗目、三店舗目と覆面調査を重ねていくとさすがに慣れてきて、高橋先生から提案されていた「裏メニューはありますか?」という質問までできるようになりました。するとフェローから、「チョコリスタ」という粘り気があるチョコレートドリンクにエスプレッソショットを追加したドリンクをすすめられました。これは、二〇一七年七月一七日に放送された『櫻井・有吉THE夜会』のなかで、KinKi Kids の堂本光一さんが実際にお店に行って注文されたものらしく、「光一スペシャル」と呼ばれているそうです。

伊丹店の覆面調査をした際に飲んだ「光一スペシャル」（右側）

覆面調査で明らかになった問題点やその様子をグループ内で共有し、ネットアンケートを作成したあと、それに基づいて私たちが考える「タリーズコーヒー」の課題を洗い出して「改善提案」とし、「タリーズコーヒー」側に対して二〇分間の中間報告プレゼンを行いました。

五つの改善提案ポイント

私のチームが提案したのは以下の五つです。

①**認知・宣伝**――タリーズ自体の認知度が低く、若者に対する宣伝が弱いこと。

②**「タリーズ愛」**――フェロー（店員）の積極性がスターバックスに劣るため、リピーターを得る工夫がない。

③**メニュー**――どんな人にも対応したメニューが必要（たとえば、コーヒーが苦手な人でも美味しく飲める商品など）。

④**「映《ば》え商品」**――商品が映えていない。

⑤**話題性**――「タリーズに行きたい！」と思わせる商品や取り組みが少ない。

②に挙げたフェローの積極性について、不思議に思うことでしょう。覆面調査でドリンクをすすめてもらえたこと

タリーズコーヒーのメニュー

中間報告会

は顧客獲得につながると思ったのですが、私が質問する前にメニュー表を見ながら悩んでいるとき、積極的に声をかけてくれるフェローが少なかったのです。

　実は、「スターバックスコーヒー」でも、同じ調査内容で自主的に覆面調査を行っています。その際、メニュー表を見ながら悩んでいると、店員が積極的にメニューの提案をしてくれたのです。この違いは大きい、と思いました。また、「スターバックス」には、新作が売り切れのときにしか登場しない裏メニューがあったり、店内商品のレイアウトをずっと悩まれていたりと、店員から「スタバ愛」が伝わるといった工夫がなされているので、さまざまな部分で顧客とのコミュニケーションが生まれ、リピーターの獲得につながっていると思いました。

　いずれにせよ、中間発表ではどのチームも工夫を凝らして資料やプレゼンを準備していたこともあり、それぞれの提案に対して「タリーズコーヒー」側からはかなりの高評価をいただきまし

メンバーの山本さん（左）と調査で難波の「星乃珈琲店」にも訪れた

た。「まさか、ここまでつくり込んでくるとは……」という反応でした。また、「中間発表なのに、これまでの最終提案のようなクオリティー」という声もありました。

参考までに、「タリーズコーヒー」側から出た感想や質問は以下のようなものです。

「若者に対してのタリーズコーヒーの認知が低いことが課題だと感じました」

「価格の面で一杯のコーヒーに六〇〇円、七〇〇円を出すことは高いと感じませんか？」

「個人的にみなさん、最近はどんなカフェによく行きますか？」

このような話を聞き、私たちにとっても刺激的な中間報告となるとともに、勉強させていただいた一日でした。もっとも、宿題も出ました。私たちのチームの提案した「タリーズ愛」とは、どのように若者に伝えていけばよいのかについて、「最終報告で教えて欲しい」と言われたのです。

先に述べたようにコロナ禍であったため、実践学習の提案プレゼンを企業の方の前で（対面で）行うという経験は初めてでした。教室に入ると、最前列に「タリーズコーヒー」の方が三名と、阪神電鉄の方二名が並んで座られていました。見慣れた教室が、すごく緊迫した雰囲気が漂う空間と化していました（二〇三ページの写真参照）。

プレゼンの際、一メートルほど前に座っていらっしゃる「タリーズコーヒー」の社員の方々の表情を見ながら発表していたことを思い出しました。私たちのプレゼンが段々とヒートアップすると、社員の方々も前のめりになって耳を傾けてくださり、二〇分という発表時間があっという間に過ぎただけでなく、質疑応答の時間にふと時計を見ると、四〇分を超えていたのです。メンバー全員がびっくりしましたが、満足感たっぷりの中間報告であったと思います。

Z世代というキーワードに気付く

最終報告に向けて活動を開始する際、私は大きな転機を迎えました。タレントの中田敦彦さんのYouTubeを見ていたとき、これからのマーケティングのキーワードとして「Z世代」という言葉に出合ったのです。

今や当たり前となっている「Z世代」ですが、そのときはまだ耳馴染みがなかったこともあり、「Z世代ってなんだ?」と思って動画を見ていくと、とても興味深く、面白いものでした。と同時に、この言葉との出合いが、私のこれからの大学生活に大きな影響を与えることになったのです。

ちなみにZ世代とは、幼少期からSNSが当たり前に存在する環境で育った、主に一九九六年〜二〇一二年に生まれた世代のことを指します。特徴的な価値観としては、多様性の文化に馴染み、自分らしさを尊重することを好む、経済的には保守的で品質や価格に厳しい、となります。また、人とつながること、面白いと思ったことや感動を共有し、シェアしたいといったことが挙げられます。

消費傾向としては、パーソナライゼーションされた商品やサービスを好むことや、自分が価値を感じ、共感できるものには支出を惜しまないことから、通販サイトの口コミやレビューは必須となるため、ＳＮＳでの情報収集は欠かせません。

そして、関連のビジネス番組を見ると、Ｚ世代のキーワードとして「映《ば》え」が挙げられており、「Ｚ世代の若者が自らのＳＮＳにシェアしたいと思わせるものを企業は生み出さなければならない」という言葉が私の中でしっくりときたのです。

これらのことから、私のチームは、この「Ｚ世代」の価値観と消費傾向を加味した提案を軸にすることにしました。

いよいよ最終報告へ

最終報告では、成果物をつくることが決められていました。私たちのグループは「映え」を意識したオリジナルのデザインカップとカスタマイズ表を作成することにしました。主に、私と同じ学年である山本乃愛さんとともに担当しました（二〇四ページの写真参照）。

この実践学習で出会ったのですが、お互いカフェに対しての「愛」がとても強く、すぐに意気投合して仲良くなりました。お互いに行ったことのあるカフェを出し合い、流行っているカップデザインの傾向を研究しました。

おしゃれなカフェにありそうなカップデザインという点を意識して考えました。加えて古くて新しいという「レトロ」が流行っていたことに注目し、今までは「TULLY'S COFFEE」と英語表記であったカップデザインを「タリーズコーヒー」と、あえてカタカナ表記にして斬新さを表しました。

「映《ば》え」という観点から、若者がカップのどこを写真に撮っても映えるように、また上部のホイップをメインに写真を撮ることまで想定し、カップの縁にロゴやコーヒー豆のイラストを配置することも考えました。

デザインカップの作成方法としては、作成したデザインのフォント素材をキンコーズで透明のＯＨＰフィルムに印刷し、一〇〇円ショップで購入した透明のカップに、イメージしたとおりに貼り付けていきます。一見、簡単そうに思えるかもしれませんが、デザインすることが好きな私でも製作者側になって初めて分かったのですが、どのフォントをどのように配置すればいいのか、当時のカフェのはやりからどのようなカップデザインがZ世代にウケそうなのかなど、こだわればこだわるほど難し

最終報告で提案した「映えデザインカップ」「カスタマイズ表」のプロトタイプ。現在、経営学部の５階に展示されている

く感じられました。

今回の調査では、「タリーズコーヒー大阪新阪急ホテル店」の協力のもと、考案したデザインをもとにカップを作成したあと、実際に「タリーズコーヒー」の商品を入れてもらえるという機会をいただいています。「このカップにこのドリンク（商品）を入れたところを見てみたい！」という私たちの願いをかなえてくださったのです。

ドリンクが入ったデザインカップを見たとき、興奮して写真を撮りまくり、早速、その写真をもとに独自の「タリーズコーヒー」のインスタグラム投稿画像を作成しはじめました。

「タリーズコーヒー」における問題点の一つとして、Instagramのフォロワー数が競合の「スターバックス」よりも圧倒的に少ないことが分かりました。Z世代の第一SNSツールとなるInstagramの影響力は侮れません。そこで私たちは、独自にインスタ投稿用の参考画像を作成しました。短時間で膨大な情報を得ている若者に、ひと目で何を伝えたいのかをキャッチしてもらえ

タリーズコーヒー大阪新阪急ホテル店にて「映え」デザインカップを作成（写真左）。完成したデザインカップの写真を撮りまくる筆者（右）

るように、色や文字の大きさ、お洒落さを工夫しています。

それに加えて、商品とともにひと言コメントを入れることで興味を引けるのではないかと考え、Z世代の価値観に沿うように、「エモい」という感情に訴えかけるようなフレーズ「あなたのココロにココアラテ」なども組み込んでみました。

そのほか、Z世代は、SNSや動画配信サービスではInstagramの「ストーリーズ（Stories）」で情報を得ることが多いため、それを重視しました。私自身も、「ストーリーズ」は一番初めに触れる機能です。

最終提案では、私たちが考案した「改善提案」をそのまま発表したわけではありません。考案した改善提案をユーザーがどのように感じるのか、私たちの憶測ではなく、ユーザーの気持ちを実際に聞いてみたり、

最終報告でのプレゼン資料。タリーズコーヒー公式Instagramに投稿されていてもおかしくないレベル（と思っている）

反応を知るという受容性調査を行っています。この調査によって、アイデアが効果的か否かの判断ができるのです。言ってみれば、しつこいダメ押しです。

再び高橋先生からの指導があり、アンケート項目を考えました。すると、投稿に関して六割以上の人が、私たちが作成した投稿に「興味をもった」と回答していました。ストーリーズに関しては、作成したストーリーズ画像に興味をもった人、またストーリーズを見た際にタリーズに行きたいと思うかどうかを質問したところ、ともに八割が「興味をもつ」、「行きたい」と回答していました。

さらに私たちは、パーソナライゼーションされた商品やサービスをZ世代が好むといった消費傾向から、「商品のカスタマイズ」に目をつけました。商品の楽しみ方のバリエーションが豊富になるという点でもアピールできるカスタマイズを認知してもらおうと、カスタマイズの重要性を提案することにしました。

「タリーズコーヒー」で注文する際、私を含むチームメンバーの誰もがカスタマイズができることを知りませんでした。その理由の一つは、メニュー表のなかで、端に小さく記載してあるだけで目に留まらないことがあります。それならば、独自のメニュー表をつくるのはどうかと考え、カスタマイズ表を作成することにしました。メンバー内で、従来のカスタマイズ表記とは違う、どのようなポイントを落とし込みつつ作成するべきなのかについて話し合いました。

私が働いていたレモネード店や他店のカスタマイズ表を参考にして、ひと目で何ができるのかが分かるようにイラストを付けて、シンプルな紹介文にしました。先ほどと同じく、インターネットを用いた受容性調査では、約八割以上の人が私たちの考えたカスタマイズ表に「興味をもつ」という結果となっています。

そのほかにも改善提案があります。

中間報告のための覆面調査のあと、前述したように、自主的に他チェーン店にも足を運んで調査を行いました。そして、女子大生視点の、コーヒーチェーン九店舗のポジショニングマップを二つ作成しました。縦軸に「価格」、横軸に「トレンド・ベーシック」として分けてみると、「タリーズコーヒー」は真ん中に位置します。一方、縦軸を「にぎやか・落ち着いている」、横軸を「ファッション性が高いか低いか」で分けてみると、こちらも「タリーズコーヒー」は真ん中です。

この結果から、私たちは「タリーズコーヒー」のコンセプトが分かりにくく、消費者に伝わってないのではないかと思いました。「スターバックス」といえば「フラペチーノ」、「サンマルクカフェ」といえば「チョコクロ」、「コメダ珈琲」といえば「シロノワール」というように、「タ

私たちが作成したカスタマイズ表

リーズといえばこれ」という「タリーズの推し《お》」をつくることで、「タリーズコーヒー」に行ったことがない人や来る習慣のない人に向けてのハードルを下げることが重要なのではないかと考えました。

さらに、カフェコンセプトの面で提案したのは、若者に人気のカフェコンセプトである「韓国カフェ」や「レトロ喫茶」です。私たちが足を運んだカフェなどの紹介とともに、コーヒーチェーン店にはないコンセプトの商品を「タリーズコーヒー」に取り入れることができれば、「カフェめぐりは趣味だけど、タリーズコーヒーを訪れたことがない」という層を取り込めるのではないかと考えたからです。

店舗レイアウトに関する改善提案も行っています。

中間報告前のアンケート調査では、「どんなコーヒーショップがあればよいか」と質問したところ、「コロナ禍だから個人のスペースが確保されているカフェ」、「静かに集中できる空間」、「勉強する環境が完備されている」、「視線を気にせずコーヒーが楽しめる」などの意見が集まりました。そこで、一人用のスペースレイアウトにこだわっている韓国カフェを参考にした店舗レイアウトを考案しました。

韓国カフェでのひととき

このように盛りだくさんのことを最終提案したのですが、結論を言うと、若者に人気の「スターバックス」と同じような集客方法ではそこを超えることは難しく、どうしても二番手になってしまうということです。「タリーズコーヒー」がこれまでにない価値の提供ができれば、「スターバックス」とは異なる路線で若者の集客ができるのではないかということです。

「映《ば》え」要素があれば、さらに集客に拍車がかかると思います。「タリーズコーヒー」に行ったことがなく、あまり知らないという人が多いことをチャンスと捉え、最初にどれほどよい印象をもってもらえるか。そこで、タリーズ独自の「推《お》し」を提供し、商品だけでなく接客、映えカップ、Instagram、カスタマイズなど、それぞれの「推しポイント」を見つけてもらうのです。「タリーズコーヒー」に対する魅力の発見があれば、リピーターやシェアにつながるのではないでしょうか。

最終発表会では、ほかのチームからも、メニュー表自体を季節ごとに変えることや具体的な店

最終報告でのプレゼン後、タリーズコーヒーからの質疑応答。一番左が筆者

舗のレイアウト例、ショーケースにおける照明の色味や商品の陳列についてなど、さまざまな角度からの改善提案が飛び交いました。たっぷりすぎる提案をじっくりと頷きながら聞いてくださった企業側の講評を聞くかぎりですが、私たちの努力が実って最終発表は成功したと思っています。その講評の一部を紹介しておきます。

「中間報告からの最終報告と、本当にみなさんの熱意が伝わってきました」
「みなさんの改善提案にチームごとの個性が出ていて、聞いていてとても興味深かった」
「タリーズコーヒーをこんなにも調べたり、考えてくださったことをとても嬉しく思います」
「グサッと刺さるものがあり、みなさんの生《なま》の意見が聞けて勉強になりました」
「スターバックスさんの模倣をするのではなく、タリーズ独自の『推し』を打ち出し、強みをアピールするという部分が心に響いた」

二〇九ページに写真を掲載しましたが、私たちが熱を込めて制作した「映えデザインカップ」は、「凄すぎますね！」とタリーズコーヒー側にもかなり衝撃を与えたようで、制作方法を尋ねられるくらいでした。写真を撮ってくださるなど、頑張ってつくった甲斐があったと、とても嬉しかったです。

現在、こちらのカップは経営学部のKM館の五階にある展示物ブースで展示されています。

実践学習を振り返って

私は、今までの顧客側の視点とはまったく違う、提供する側の立場でＺ世代の価値観や消費傾向を分析しました。自分のことだけでなく、現代の若者へのカフェの付加価値を探求しました。その結果、人気店の模倣ではない「バズる」話題をゼロから生み出すことの難しさを痛感しました。

本当は、ふらっと立ち寄ってしまうようなカフェではないのです。これまでの「タリーズコーヒー」の価値観とはまったく違う、新しい視点があるからこそなのです。現役女子大生の観点から、モノ消費だけではなく、モノを通じてコト消費につなげることができるのではないか考えました。そのように考えてみると、学生にそのような場を提供している実践学習っていったい何だろう、と思います。

ここまで読まれて、「実践学習って、こんなに突き詰めなきゃいけないの。なんか、すごく大変そう」と思われたかもしれません。しかし、実践学習は、学生の自主性に任せている面が多いので、人それぞれなのです。どこまで突き詰めるかは、個人やチームの自由となっています。

私自身、プレゼンが大好きで、プレゼンに対してはかなりの熱量を込めて取り組んでしまいます。やるからには「企業の人をギャフンと言わせてやる！」という負けず嫌いの性格ゆえ、ここまで突き詰めてしまったわけです。

幸い私のチームは、「意欲的に頑張りたい！」というメンバーばかりでした。同学年の山本さんとは、最終提案の一週間ほど前から朝・昼・夜・夜中にわたって、食事と寝るとき以外は電話で相談しながら、お互いがパソコンに向かって資料を作成しました。今となってはよい思い出です。考えてみれば、活動の期間中、頭の中が「タリーズコーヒー」でいっぱいになっていました。

コロナ禍ということで、基本的にオンラインでの作業がほとんどでしたが、本当は、対面でメンバーの顔を見ながら作業がしたかったな、と思っています。

「タリーズコーヒー」へインタビュー

私は本書をつくる実践学習に参加したことを受け、二〇二三年一月一一日の夕方、実践活動でお世話になった「タリーズコーヒー」の担当者である木下淳史氏（タリーズコーヒージャパン株式会社・営業本部／直営営業部／西日本カンパニーストアグループ、シニアディストリクトマネージャー）に一年ぶりにお目にかかり、振り返りのインタビューを敢行しました。その際、一番好きな「チョコリスタ」をいただきました。

以下は、そのときの様子を再現したものです。実践先である企業側の意見も、実践学習を紹介する一つの方法だと思っています。

田中　なぜ、武庫川女子大学経営学部の実践学習を受け入れることになったのですか？

木下　元々つながりのあった阪急さんを通じて、武庫川女子大学の実践学習の存在を知りました。タリーズコーヒーに若い客層を取り入れたいという思いがあって、どうすれば若者の認知が上がるのか、また一〇代や二〇代の人々にタリーズコーヒーのブランドがどのように思われているのか、リアルな声を聞いてみたかったのです。

田中　私たち学生の印象はどうでしたか？

木下　学生さんたちは、思っていた以上に熱意があったというのが印象的でした。実際に、Instagramを日頃利用している学生さんの改善提案であったり、普段私たちが思い付かないようなアイデアがたくさんありました。みなさんの熱意あるプレゼンを、学生としてではなく、フラットな気持ちで一人の発表者の意見として聞いていました。

また、プレゼンのパワーポイントのつくり方など、自分の大学時代と比べてみると、とても優れていましたので驚きました。

田中　この実践活動で、売上アップや認知度アップに貢献できましたか？

木下　チェーン店ですので、みなさんの提案をすぐに反映させるというのは難しいところですが、阪急石橋店ではカスタマイズに特化していますので、実際にみなさんの提案を参考にカスタマイズメニュー表を作成し、店頭に掲示しました。その結果、タリーズコーヒー七五〇店舗で、カスタマイズのトッピングランキングにおいて上位に入りました。

田中　私たちの提案で、心に残っていることや感想はありますか？

木下　ＳＮＳの投稿のつくり方や写真の載せ方が本当に参考になりました。Instagram の画像の系統がバラバラで、色があまり統一されていないと指摘してもらいましたが、こういう風に掲載したらよいと分かりました。

「映《ば》えカップ」のデザイン提案も印象に残っています。カップの「TULLY'S COFFEE」の表記が「タリーズコーヒー」とカタカナ表記に変えてあったことに衝撃を受けました。もちろん、カスタマイズのメニュー表にイラストが入っていたことも参考になりました。

田中　社内では、実践学習はどういう受け止め方なのでしょうか？

木下　最終提案してもらったあと、営業部の上司が会長と共有しました。そこからマーケティング部への共有も行っています。その結果、実践学習を若者へ目を向けるきっかけとして、もっと若い人たちに受け入れられるような対策をとるべき、という認識が広がりました。

マーケティング部のチームでは、ＳＮＳのつくり方の提案してもらった内容を参考にして、若いスタッフがＳＮＳを動かしはじめています。徐々にですが、若い人たちに受け入れられるように変化していると思います。

田中　貴社にとって、知見、反省、教訓、変化などはありましたか？

木下　カフェ店はカフェ店、チェーン店はチェーン店などと、知らない間に凝り固まった思考があったと気付きました。学生さんたちや一〇代、二〇代のアイデアや意見を聞くことができて、直接にお客さまの意見を聞くことの大切さを再認識しました。具体的に言えば、こちらの予想とお客さまが感じるものとの間にギャップがあるのだと、意見を聞いたことで感じられるようになりました。

マーケティング部では、アンケート調査など情報収集は行っています。これまで、われわれは価格が高い安いで商品を考えがちでしたが、実践学習の調査結果などを見ると、Z世代の消費傾向は、自分にとって価値のあるものにしかお金をかけないということで、高額であっても惜しまない、何かしらの価値を見いだすことができれば購入するから、それをどう見せるのか、見いだしてもらえるのかが大切だと学びました。

会社としての基本的なターゲット層は三〇代～五〇代で、この方向性はブレないと思います。しかし、Z世代が一〇年後二〇年後にはターゲット層の年齢になるということを考える必要があります。今のうちから、タリーズコーヒーを利用してもらうことも考えたいです。

田中　女子大生への感想はありますか?

木下　日本では管理職の男性割合が多いという事実がありますから、女性がもっとリーダーとして活躍するための、女子大の役割を感じました。経営学部は理論を学ぶようなイメージでしたが、武庫川女子大学の経営学部は、企業とのかかわり合いを通して実践的な経営を学ぶという点が面白いと思います。授業やゼミを通じて、自分のやりたいことや、この道だと決めたことに対して、実践学習がきっかけづくりになっているんだろうと思います。

田中　Ｚ世代についてご存じでしたか？

木下　名前だけは知っていました。価値観とかが違うということも知っていましたが、実際にどこがどのように違うんだということはプレゼンで初めて知りました。

田中　これからの課題はありますか？

木下　店としては、あらゆる体験自体がタリーズコーヒーを利用していただけるきっかけになります。年代別にさまざまな価値観や考え方があり、Ｚ世代の消費傾向やＳＮＳの取り組みも大切ですけど、その一方で、やはり実店舗での接客やクオリティーが大切だなと再認識しました。

タリーズコーヒー大阪新阪急ホテル店にて木下氏（左）にインタビュー

インタビューを終えての、私の感想を書きます。

まずは、伝えようと思ったことが伝わっていたことを喜びたいです。提案のなかには、学生とはいえ、かなり生意気な意見があったのに真摯に受け止めてくださり、感謝しかありません。提案内容を社内できちんと共有して、取り入れてもらえたことは、変な言い方ですが、「企業の力はすごいな」と思ってしまいます。私たちの小さな提案が、こんなにも大きな動きに変換されているからです。

実は、実践学習の終了後、私たちの最終提案資料がタリーズ社内で共有された際、会長が非常に関心をもち、役員のみなさんへ、「一読して、現場改善の参考にするように」と指示されたと聞きました。もちろん、担当者の熱意や上司とされる方々の積極性によるものでしょうが、その場かぎりではなく、学生が企業を動かすこと自体はすごく大きな意味をもつことでしょう。実践学習に参加する前には予想もしていないことでした。

三年生、ゼミ活動開始

このような経験を経て、三年生、ゼミ活動がはじまる時期となりました。ゼミ選びの際には、「タリーズコーヒー」の実践学習時に注目した「Z世代」についてもっと知りたい！　学びたい！という思いが高まり、実践学習の担当教員であった高橋千枝子先生のゼミを選びました。高橋ゼミのプロジェクトとして、関西の女子大生の視点からZ世代の価値観や消費傾向を調査する「Z世代リサーチ」というものがあり、そこに惹かれたのです。

高橋先生とは、「タリーズコーヒー」の実践学習を機に深くかかわりはじめたわけですが、実践学習のなかでも、私たちが自主的に行動できるような指導をしていただきました。エネルギッシュで明るい先生のパワーに魅了されて、実践学習時から「高橋先生のゼミで学びたい！」と強く感じていました。

実は、もう一つ理由があります。これまでの経営学部での経験を生かして、全国の大学対抗のビジネスコンテストで実力を試したいと思っていたのです。そう、「Sカレ」に参加できるゼミだったということです。「Sカレ」とは、企業の商品開発課題に対して、商品化を目指してアイデアを競うという大学ゼミ対抗の「ビジネスアイデアコンテスト」のことです。次節で、少し詳しく述べていきます。

大学生活のターニングポイントとなった実践学習―ムコジョ生として一番嬉しかったこと

「タリーズコーヒー」の実践学習は、大学生活のなかにおける大きなターニングポイントとなりました。経営学というものがまったく分からない状態から、授業において調査やプレゼンテーションの練習を繰り返し、マーケティングとは何かというものが少し分かり出し、自信がついたと思われる状態でのぞんだのがこの実践学習でした。

先ほど「企業はすごい」と書きましたが、「タリーズコーヒー」は進化しています。ホームページを覗いてみると、何と「MY FAVORITE Taste」という可愛いイラスト付きのカスタマイズに特化したページを発見しました。毎年、春にはトムとジェリー、冬にはハリーポッターとのコラボ商品も定番化されつつあり、「タリーズコーヒー＝高級感のあるコーヒーチェーン店」というものを生かしつつも、よい意味で、少しずつイメージの固定化を崩しているように感じました。それゆえ、これからも「タリーズコーヒー」に注目していきたいと思っています。

大学生の間に実践学習を行うことで社会との接点ができ、社会に出る際のハードルが少し下がったように感じています。また、実践学習からゼミ活動へと、自分らしさを出しながら伸び伸びとたくさんの活動ができています。

三年生になってからというもの、高橋ゼミにおいて、Z世代に注目しながらマーケティングまみれになっています。このゼミでは山ほどのプロジェクトがあり、日々リサーチや商品開発に追われています。そのための基礎体力は、実践学習で培ったものだと言えます。

実は、実商品化を目指す大学ゼミ対抗の「Sカレ」に武庫川女子大学として初めて出場し、全国一位をつかみ取っています。

前述したように、「Sカレ」とは大学ゼミ対抗のビジネスアイデアコンテストです。全国の大学の経営系の学部が参加し、二〇二三年で一七回目を迎えます。二〇二二年度は三一大学、三六ゼミが参加しました。一〇月に中間アイデア・コンセプトを競い合い（秋カン）、一二月にそのアイデアが実現可能性を秘めているかどうかということを前提にして提供企業が優勝を決定します（冬カン）。その後、優勝チームがアイデア実現に向けて動き出すというビックプロジェクトです。

全部で八個ある企業からのテーマのうち、私が参加したテーマは、春日井製菓の「花のくちづけ」というキャンディーを、商品の魅力となっている「花」とSDGsを絡み合わせて、若者に人気のキャンディーにするというものです。

このテーマで私は、「恋」をコンセプトにしたキャンディーのリニューアルと、認知度を高

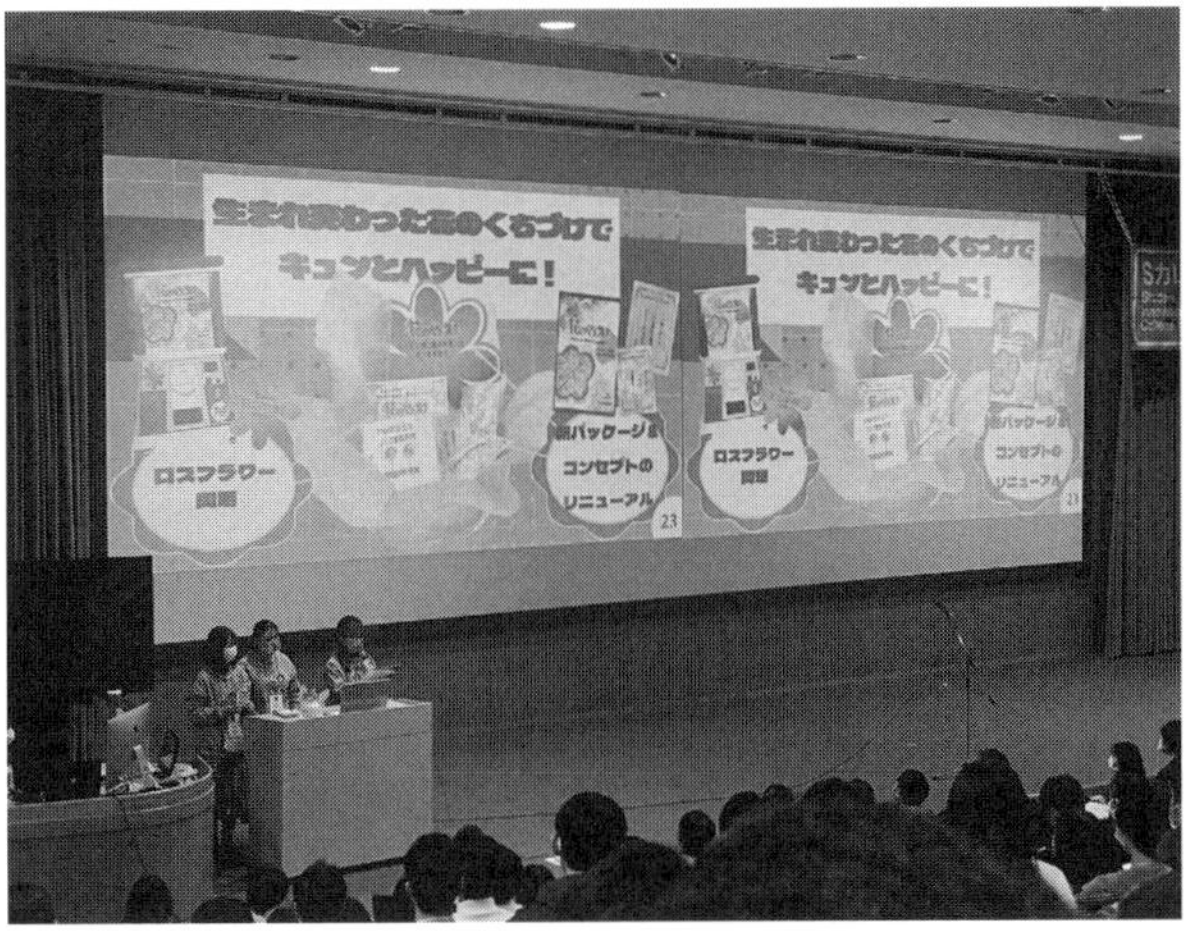

全国大学対抗ビジネスコンテスト（Sカレ）の優勝者プレゼン。左から3人目が筆者

めるための「巨大ガチャイベント企画」を提案することに決めました。提案自体の実現可能性を高めるために、大学周辺の生花店にロスフラワーの提供をお願いしたり、巨大ガチャレンタル企業と面談の機会をもらうなどといった活動を行った結果、初出場で優勝を収めることができたのです。

すべてがうまくいったわけではありませんが、半年以上の準備期間を経て、二〇二三年七月、実際にこの「巨大ガチャPRイベント」を武庫川女子大学と縁のある「ららぽーと甲子園」(5)で二日間開催することができました。二日間で約一〇〇〇人の方に来場してもらうことができ、大満足でした。

一番重要なことは、「タリーズコーヒー」での実践学習でも感じた、学生独自の視点からなる斬新なアイデアで企業人の心をいかに動かせるかだと思います。商品自体のターゲットが女性であったため、このときの提案ではZ世代

(左) 巨大ガチャのカプセルには提案した花のくちづけキャンディーとロスフラワー（美しい状態だが廃棄される花）を使用したハンドメイド商品、オリジナルカードが入っている。(右) 高橋ゼミ生の集合写真。１列目の１番左が高橋先生、左から２人目が筆者

でもある私自身の価値観でシェアしたくなるようなパッケージやPR方法はどんなものだろうかと、案をいくつもボツにしながら必死に考えました。

その結果、女子大として初めて「Sカレ」で優勝でき、女子大の経営学部としてのインパクトを全国に与えたのではないかと思っています。

ムコジョでの実践学習やさまざまな四年間の活動を通してたくさんの方々と出会い、さまざまな挑戦ができました。そして、変化するトレンドを押さえつつ、新しい視点からのZ世代マーケティングを楽しく学べたことは私にとって大きな成長につながりました。武庫川女子大学に入学して本当によかったと思います。まだまだ語り尽くせないですが、「タリーズ愛」と「ムコジョ愛」がお伝えできたことを嬉しく思っています。

（5）住所　西宮市甲子園八番町1－100。

第6章　大満足な「阪神タイガース新規女性ファン獲得プロジェクト」

（櫃田《ひつだ》彩花）

虎子？

　みなさんは「TORACO」をご存知でしょうか？「TORACO」と書いて「トラコ」と読みますが、阪神タイガースの女性ファンの名称となっています。

　阪神タイガースといえば、プロ野球チームのなかでもファン数が多い球団で、熱狂的なファンが度々話題になったりもしています。そんな阪神タイガースにおいて、新たに若年女性ファンを獲得したいという「阪神電気鉄道株式会社スポーツ・エンタテインメント統括部」による「阪神タイガース新規女性ファン獲得プロジェクト」という実践活動に私は参加しました。

　この実践活動では、阪神タイガースが新規女性ファンを獲得するためにどのような政策・グッズなどがあればよいのか、そして年に二度開催されている女性ファン向けのイベント「TORACO DAY」においてアンケート調査を実施し、どのような続柄の人が来場しているのかを把握することが目的となっていました。要するに、女性・若者・大学生目線で野球に興味がない若い女性が甲子園に行きたくなるきっかけを考えて発表し、終了するというプロジェクトです。

阪神タイガースと私

この実践学習について述べる前に、このプロジェクトに参加しようと思った理由を述べます。それはひと言、私が阪神ファンとして「TORACO DAY」に行きたいと考えていたからです。まずは、私自身についてお話しさせていただきます。

大阪で生まれ育ち、地元で高校まで進学したあとに経営学部に興味をもち、兵庫県西宮市にある武庫川女子大学に進学しました。経営学部といえば共学の大学にしかなかったため、女子大は視野に入れていなかったのですが、新設されると知って受験を決意しました。そして、一期生として二〇二二年のコロナ禍に入学したわけです。

筆者

父親がテレビでよく阪神タイガースの試合を観ていたため、いつのまにか、野球を観ることが好きになっていました。小学校四年生のとき、担任の先生とタイガースの話で盛り上がっていましたので、そのときにはすでに「阪神ファン」になっていたと考えられます。それ以後、徐々にルールや選手を覚えるようになりました。

いつのまにか、見たいテレビ番組がなければ阪神の試合を観るという習慣が身につきました。そして、大学生になった今、阪神電車に乗って通学することになり、甲子園球場と阪神タイガースがより身近なものになりました。

TORACO DAY

こんな私が興味をもっていた「TORACO DAY」というイベントは、阪神タイガースの女性ファンをメインターゲットにした試合日のことです。毎年、甲子園球場と京セラドーム大阪で一日ずつ開催されていますが、単なる女性ファンの「応援デー」ではないのです。

球場周辺が、モニュメントやかわいいポーズをした選手パネルで飾り付けられたり、限定フードが発売されたりします。また、虎耳へのアレンジなど試合前から企画が盛りだくさんなため、女性ファンにとっての一大イベントになっています。

それ以外にも、選手紹介のＶＴＲがTORACO仕様の映像になっていたり、女性の入場者全員にユニフォームなどのオリジナル「TORACOグッズ」がもらえたりなど、TORACO一色の観客で球場が染まります。

このような「TORACO DAY」の存在は以前から知っており、前述したように、ずっと行きたいと思い続けてきました。そして、二〇二一年に初めて京セラドーム大阪に行くことができ、もらったTORACOユニフォームを着て観戦するのがこのうえなく楽しかったため、来年も行こうと考えていました。

しかし、メインデーは先に開催される「甲子園日」です。私が参戦した「京セラ日」はあとに開催されるため、イベントの規模や仕様に大きな違いがありました。だから、今年こそ「甲子園日」に行きたいと思っていた矢先、この実践学習の募集が開始されたのです。

いよいよ実践学習がスタート

実践学習は、活動時間四〇時間を1単位として認定され、卒業するまでに4単位を取得しないといけないのですが、当時の私の取得数は3単位で、あと一つ何

京セラドーム大阪での「TORACO DAY」

かプロジェクトに参加しなければならないという状況でした。ある日、募集開始とともにプロジェクトの一覧表を見たら、一番に「TORACOプロジェクト」が目に入り、「ぜひ参加したい！」と思って応募し、参加が決まりました。

最後の実践学習を阪神タイガース、並びに「TORACO DAY」にかかわって終えられるというのは、私にとっては有終の美となり、気合いも十分でした。これまでのプロジェクト参加実績を生かしつつ、女子大生、そして阪神ファンである面も生かして提案内容を練っていくという実践学習のはじまりです。

二〇二二年五月一一日、阪神電鉄の担当者からまず説明を受けました。実質的にはこの日がスタートとなります。その後、担当教員である本田一成先生の指示のもと、六月二六日に甲子園球場で行われる中日戦の際に開催される「TORACO DAY」まで、二つのチームに分かれて行動することになり、チームごとに、「TORACO DAY」当日に行う女性来場者へのアンケート調査のための質問項目を考えることになりました。

最後の実践学習が大学でキックオフ。阪神電鉄の担当者の説明がはじまった

私は「next TORACOチーム」に属することになり、リーダーになりました。「next TORACO」とは、TORACOになる可能性がある人、つまりまだ阪神ファンではないが、試合観戦をきっかけに阪神ファンになり得る女性のことを指します。

「TORACO DAY」では、阪神タイガースのファンクラブに加入している女性が非会員を含む女性を誘って一緒に来場すると、女性入場者全員に配布されるグッズに加えて、プレゼントがもらえるというキャンペーンを行っています。そのため、「TORACO DAY」に来場する女性会員は女性を誘って来場する場合が多いほか、ファンクラブに入っていない女性が多いという可能性があるため、このときは、その同伴者に注目してアンケート調査を行うことにしました。

試されるコミュニケーション能力

どうして私がリーダーになったかというと、阪神ファンであるため、選手などにも詳しいことが理由で周りから推薦されました。しかし、阪神ファンであるといってもテレビ観戦ばかりで、甲子園での観戦歴は三回しかありませんでした。

甲子園球場や阪神タイガースについての知識でいえば、普通の人に比べれば少し自信はありますが、ファンのなかではどうでしょうか？　また、野球というスポーツも未経験なため、ルールについてはあやふやな部分もありますし、大丈夫かなと少し不安も感じましたが、まったく阪神タイガースを知らないメンバーもいたのでリーダーを務めることにしました。

そして、三年生が四人、二年生が一人の合計五人で「next TORACO チーム」を組んで、本格的にプロジェクトがスタートしました。ちなみに、私ともう一人が阪神ファン、残りの三人は阪神タイガースも野球も知らないメンバーです。

毎年開催される「TORACO DAY」の来場者は、通常の試合日よりも女性がとても多く、女性会員が女性を誘って来場しているという状況はまちがいありません。しかし、女性会員が誘って連れてきた女性の属性までは分かっていませんでした。阪神電鉄としては、誘われた女性がどういう人なのかを知りたかったわけです。

事実、開催当日は来場者にプレゼントを渡すだけで手いっぱいで、アンケートを行うといった余裕はなく、まったく把握できていないということでした。女性会員が誘った相手は、同じく会員であるのか、非会員だけど野球には興味がある友達なのか、野球に興味がない家族なのかなどを知りたいということです。要するに、誘われて来場した女性がどのような人たちなのかを、「TORACO DAY」発足から九年目にして初めて調査しようという試みだったのです。

「TORACO DAY」当日の甲子園球場

調査の流れ

「TORACO DAY」の当日には、甲子園球場の周りに、ファンクラブ会員のグッズ引き換えブースが設置されます。そのブースに、女性会員と誘われた女性が一緒に行けばプレゼントがもらえます。もらったあとのタイミングを狙って私たちが待機し、声をかけてアンケートに協力してもらうという計画です。阪神電鉄側と話し合い、協力してくれた方にはプレゼントをもう一つ渡すことになりました。

「next TORACO チーム」では、早速、質問項目を考えることになりました。女性会員が連れてくるのはいったいどのような女性なのか、何を聞けばよいのか、試行錯誤を繰り返しているとき、「まずは球場や来場者の雰囲気を実際に観察して、調査票の作成や質問内容の参考にして欲しい」と阪神電鉄から言われ、甲子園球場の試合に招待されました。球場や来場者の観察だけでなく、タイガースの試合を球場で観られることがとても楽しみでした。

甲子園球場での気付き

試合観戦日は二〇二二年五月二五日の楽天戦でした。開幕してまもない時期にもかかわらず、阪神タイガースはシーズン開幕から最下位を走っていました。そのため、交流戦ではありましたが、「勝てるかなあー」と心配しながらメンバーと話していました。やはり現地観戦するからには、勝つところが見たいという気持ちがいつも以上に高まります。

ナイターとはいえ、開始前の夕方はまだ明るく、観戦に来ているお客さんが試合のはじまりを楽しみにしている表情がうかがえました。この日は週のど真ん中、水曜日です。それにもかかわらず、やはりお客さんは多いです。改めて、人気球団なんだなと思いました。

見学した楽天戦前のメンバーたち（筆者は下段右）

野球観戦が初めてのメンバーは、「こんな感じなんだー」とキョロキョロとあたりを見渡しつつ、観戦歴があるメンバーも交流戦の雰囲気や発表されたスタメンなどを見ながら試合開始を待っていました。

しかし、今回の注目ポイントは球場の様子だけではありません。何かというとLEDライトです。甲子園球場は、球場のライトをLEDライトにリニューアルしたのです。それによって、今まではできなかった多色系による演出が増えたのです。その演出は「ラッキーセブン」である七回がはじまるときにも行われますが、メインは「勝ちゲーム」のあとです。ということは、LEDライトが本領発揮する演出を見るためには、阪神タイガースが勝たなければなりません。

しかし、先ほど述べたように断トツで最下位を走っている最中です。案の定、五点差でこの日も負けてしまいました。そのため、ＬＥＤライトによる新しい演出の様子を見ることはできませんでした。

「できれば、ＬＥＤライトの演出も含めて、勝ち試合を観てもらいたかった」

阪神電鉄の担当者がそうつぶやいたのが耳に届きました。負けて辛いのは、選手やファンだけでなく、社員も同じなんだなと感じたことを今でも覚えています。

周りにいたお客さんも、七回くらいから帰る人がちらほらと見え、負けが決まった瞬間、一気に立ち上がるという人ばかりでした。このような試合展開でも、最後まで逆転を信じて見届けたファンがたくさんいたので、何となくホッとしました。

「序盤の大山選手のホームランはよかったね～」

と言いながら、寂しく私たちは甲子園球場を後にしました。

招待券と入場特典のうちわ

調査票づくりで苦戦

現地で試合観戦したことによって、阪神タイガースや野球を知らないメンバーもその雰囲気を身体で感じることができました。質問項目づくりも行いやすくなりましたが、考えてみれば、そのようなことをしたことがありませんので、本田先生にやり方を教わったわけですが、非常に難しく感じました。

そして、あれやこれやと考えた結果、ファンクラブの会員である女性のお連れさまという調査対象の実態を把握すべく、一〇個の質問に対して五つの段階で答えてもらうことにしました。質問を印刷した紙をバインダーで挟み、学生が質問し、回答者の答えを聞き書きして回収する形となります。

チームで考えた質問を本田先生に提出し、阪神電鉄側にも確認してもらい、修正を行ったあとに完成した質問が以下のものです。

①プロ野球に関心があるか

そもそも興味があって来場したのか、興味はないけれど、誘われたから来たのかを確かめるためです。

②プロ野球の試合をテレビや球場で観るか

普段から観ていれば野球好きかもしれないし、観ていなければ大きなチャンスになります。

③阪神タイガースの選手を知っているか

阪神タイガースについてどれくらい詳しいのかを把握しておきたいと考えました。また、野球好きだとしても高校や他球団のファンで、阪神タイガースは知らない場合があるためです。

④阪神タイガースのファンかどうか

甲子園球場に、「ファンだから来た」のと「ファンではないけど来た」とでは、今後のアプローチが大きく変わります。もし、ファンではない人であった場合は、試合観戦がきっかけでファンになってもらえるかもしれません。そして、この層は、まさに新規女性ファン獲得につながるメインターゲットともなります。

⑤もともと甲子園球場や阪神タイガースに興味があったか

以前からあったなら「TORACO」への道が開ける可能性が高いし、なかったのに来場したなら、野球の面白さを伝える絶好のタイミングとなります。

⑥甲子園球場の阪神タイガース戦に来たことがあるか

現地観戦が初めてなのか、以前にもあれば回数を聞いて、どのくらい観に来ているのかを調べます。

⑦ファンクラブ会員と来場するとプレゼントがもらえる企画は来場のきっかけになったか。また、最大のきっかけになったものは何か

これは女性会員と一緒に来場した人全員にプレゼントされる「バッグ&レジャークッション」へのリアクションを知りたいという阪神電鉄側から要望です。また、これ以外に何が一番来場きっかけになったのかを尋ねることで、非会員に響いた企画が分かってきます。

プレゼントとなっているレジャークッション

⑧いま、ワクワクしていますか

「これは絶対に必要である」と、本田先生が追加したものです。メンバーは、「なんで？」と言っていました。

⑨野球以外の趣味やファンは、旅行や音楽やスポーツなど一一項目で、何に対して興味を抱いている人が来場してくれたのか

これが分かれば、野球の魅力を伝える糸口になるのではないでしょうか。この質問では、当てはまる項目すべてを選んでもらいました。

⑩お連れさまとのご関係は

これが、一番知りたい内容と言っても過言ではありません。どのような関係性の人と甲子園球場に来てくれたのか、長年の謎が明かされます。

そして最後に、基本情報として以下のことを付け加えました。

⑪ファンクラブやTigers iD会員（座席選択が可能）**であるか**
⑫お住まいの地域
⑬職業
⑭年齢

これら四つの質問を加えた合計一四の質問を「next TORACO」のアンケート内容として調査することになりました。

このアンケートをお連れさまに答えていただいている間、誘った会員のほうを待たせることになります。そのため、もう一つのチームが同じように一四個の質問を「TORACOアンケート」とし

「TORACO DAY」当日の甲子園駅前広場。「TORACO DAY」ビジュアルは毎年かわいい

て作成し、女性会員に対しても調査することにしました。

アンケート調査の準備が終わりました。いよいよ「TORACO DAY」の当日である二〇二二年六月二六日を迎えました。

ついに本番を迎える

日曜日の試合開始時間は一四時なので、それまでの時間を使って準備をしました。

一〇時五〇分に集合し、最終の打ち合わせを行ったあと、「二人一組でペアとなり、できるだけ多くのアンケートを回収する、一ペアで二五人の回答は取りたい」という目標を立てました。その後、来場者全員に配布されるユニフォームを別に用意してくださっていたので、メンバー全員が着替えてから学校の真っ赤な腕章をつけました。これで、怪しい者ではない、と理解してもらえます。

ユニフォームの上に腕章

アンケートに協力してくれた人に渡すためのレジャークッションとアンケート用紙を三〇枚くらい持って、とてつもなく暑い日であったため、水分とハンディ扇風機も装備しながらアンケート調査をはじめることにしました。

「アンケート調査に協力して下さった方には、もう一つレジャークッションをお渡しししています」

これを魔法の言葉として、どんどん声をかけるという作戦です。最初は説明するのに手間取ったりもしましたが、何組かに声をかけているうちに慣れてきて、目標としていた二五人は達成できました。「アンケート調査を行っておりまして、ご協力いただけないでしょうか?」の時点では「ちょっと……」というような反応でも、「答えてくださった方にはレジャークッションもう一枚プレゼントしています!」を続ければ、「え、もう一つもらえるん? じゃあ答えます!」というように、プレゼントの効果は抜群でした。

なかには、私たちが大量にプレゼントを持っているのを見て、「それってもらえたりしますか?」と、向こうから声をかけてくる人もいました。いずれにせよ、幅広い年代、さまざまな関係性の人たちに協力をしてもらいました。

アンケート調査の様子

猛暑の中、回答を得る（左が筆者）

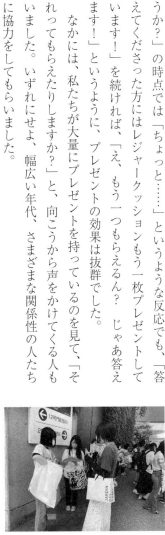

一三時半ごろに再び全員が集合し、アンケート調査は終了。分析は後日行うことにして、阪神電鉄のご厚意で一四時からはじまる中日戦の観戦となりました。このような体験、武庫川女子大学経営学部の学生ならではだなあ、とも感じました。

屋外での数時間のアンケート調査は本当に大変で、あまりの暑さにハンディ扇風機が壊れてしまったという友達もいました。少しダメージを負いましたが、ずっと行きたかった甲子園での「TORACO DAY」に携われて、また、観戦することもできてうれしかったです。本田先生は観戦もそこそこに帰宅しましたので、「もったいないなー」と思いながら、私は一気に「実践学習モード」から「阪神ファンモード」へ切り替えました。

試合展開もひと味違う

さて、気になる試合ですが、先発したのは西純矢選手です。二〇〇一年生まれと同じ年齢なので親近感があり、バッティングも楽しみでした。対する中日ドラゴンズの先発投手は柳裕也選手。この投手は阪神が苦手としている印象があったので、「何とか勝って欲しいな」とみんなで話していました。

そんなこちらの心配も知らず、一回裏でなんといきなり三点も入り、とても盛り上がりました。前回観戦したときとは違うぞ、今日は勝てると感じていた矢先、四回表で同点に追いつかれ、五回表で勝ち越されます。逆転されてしまったので、友達と売店に行くことにしました。

その売店、試合中にもかかわらず、たくさんの人であふれかえっていました。すべてのお店に列ができていて、どこで何を買おうかなと探検するかのようにウロウロしながら、お目当ての売店を探しました。

実は、どうしても食べたいフードがあったのです。それは「TORACO DAY 限定」のものです。当日しか販売されないさまざまなフードがたくさんあるのですが、そのなかからパフェとマンゴーサイダーを購入して座席に戻りました。

限定フードは女性が好きそうなものが多かったですが、ビジュアルがあまりかわいいものではなかったので、改善する必要があると感じました。あくまでも実践学習の最中であるため、試合を楽しみながらも「感想」や「気付き」に関してはメモを取っていました。

その後、七回表でも得点され、いつの間にか「3対5」で二点差となっていました。今日は勝てないのかなーという空気が流れはじめた八回裏です。中

TORACO DAY 限定フード。シンプルな見た目だが暑い日にピッタリ

野拓夢選手のヒットが同点タイムリーになり、甲子園球場は一気に盛り上がりを取り戻しました。そして、そのまま九回まで決着がつかず延長戦へ。気付けば夕方になっており、早期決着を望むなか、一一回裏を迎えました。

デッドボール、三振、三振、敬遠で、ツーアウト一・三塁というサヨナラのチャンスが到来します。バッターは、「阪神一のイケメン」という声が多い熊谷敬宥選手。代走で出塁して、六番に入っていました。そして、追い込まれた四球目でヒットを放ち、見事サヨナラ勝ちを果たしたのです。

LED ライトと電光掲示板の演出。これが見たかった

勝ちが決まった直後の甲子園の盛り上がりはすさまじく、TORACO ユニフォームに身を包んだ女性も、タオルまみれの男性もみんな総立ち状態でした。そして、前回の試合では見られなかった勝ち試合限定のLEDライトによる演出も行われ、リニューアル前との違いを自分の目で確かめることができました。一緒に観戦していたメンバーとも、周りの席の人とも勝利を共有することができ、甲子園の臨場感に浸っていました。

中野拓夢選手と熊谷敬宥選手のヒーローインタビューが行われるということなので、見てから帰ることにしました。「TORACO DAY」を勝ちに導いた二人は、ファン作成のピンク色の虎メダルをかけながら、インタビューや選ばれた女性ファンの質問に答えていました。二人がにやけているように見えたのは、気のせいでしょうか。

四時間を超える戦いの末に阪神タイガースは三連勝です。「先制して逆転されたけど、サヨナラしてめっちゃ楽しかったね～」と言いながらメンバーとは解散し、別の席で見ていた友達と合流して甲子園を後にしました。

実は、帰宅してから録画でもう一度サヨナラの瞬間を見直してみました。どの座席も大はしゃぎで、画面越しでも「TORACO DAY」の盛り上がりを感じることができました。

こうして長かった「TORACO DAY」の一日は幕を閉じたのですが、実践学習はまだ終わっていません。

まだ続くリサーチ

「TORACO DAY」でのアンケート調査も重要なことですが、新規女性ファンを獲得するための提案をすることが一番の目的で

同じチームの片山優希さん（左）と筆者（右）。片山さんは「甲子園歴史館リニューアル」の実践学習にも参加

す。約一か月後の提案発表会に向けて、それぞれが提案内容を考えることになりました。若い女性目線で、欲しいグッズ案、野球に興味がない女性も訪れたくなるイベント案、「TORACO DAY」を通して感じた改善案など何でもOKです。

各自が新規女性ファン獲得につながると感じたことをパワーポイントで作成し、「甲子園歴史記念館」において、阪神電鉄の「スポーツ・エンターテインメント統括部」の社員数名の前で発表することになります。

実態はいかに

まずは、「TORACO DAY」の振り返りと来場者へのアンケート分析を行いました。約一〇〇人に対して行ったアンケート内容から、主に次のようなことが分かりました。

❶「プロ野球への関心」では、「ある」の割合が九八パーセントだったので、関心がある人がほとんどであると分かりました。

❷「プロ野球の試合をテレビや球場で見るか」についても、「ある」が九五パーセントと、普段から観戦されている人が多いようです。

❸「阪神タイガースの選手」については、九六パーセントが「知っている」という回答でした。阪神タイガースに対する知識がある人がお連れさまに多いと分かりました。

❹「阪神タイガースファン度」については、「ファン」が九六パーセントであったため、女性会員は阪神ファンを誘って来場していたという人が大半でした。

❺「もともと甲子園球場や阪神タイガースに興味の有無」は、「ある」が八九・七パーセントで、これについても約九割と高い数値となっていました。

これらの結果から、お連れさまの属性は結構見えてきたと思います。野球にも、阪神タイガースにも興味をもっている人が、女性会員と一緒に来場しているというパターンが多いようです。しかし、「そうではない」という人も数名いたので、興味はないけれど来場したという人がいることになります。その人たちが、「TORACO DAY」の一日を通して、阪神タイガースの新規女性ファンになってくれたかどうかがポイントになるでしょう。

TORACO感のある観客とTORACO感のない外壁

さらに分析を続けます。

「甲子園球場での阪神タイガース戦観戦歴」については、「初めて」という人は何と七人だけでした。中央値で一〇回だったため、結構、観に来ているという印象です。

❼「ファンクラブの企画は最大の来場きっかけになったか」については、二一パーセントの人が「最大のきっかけ」と答えており、「きっかけの一つ」と答えた人が五七パーセントだったため、レジャークッションのプレゼントはメインのきっかけにはなっていませんでした。「選手の写真が目立ちすぎて、使うのを躊躇する」という意見もあったため、デザインに関する改善点も見られました。ほかの理由で多かったのは、「試合観戦」や女性入場者がもらえる「TORACOユニフォーム」などでした。

❽「ワクワクしているか」については、ほぼ全員が「している」で、楽しみにされていました。「そう思わない」と答えた人が一人だけいたのですが、「巨人ファンなのに娘に連れてこられたから。バースのような昔の選手しか阪神は分からない」という回答を聞いて、面白いケースだなと思いました。

❾「野球以外の趣味・ファン」では音楽が多く、旅行や野球以外のスポーツという人が多かったです。

❿「お連れさまとのご関係」は、友人と家族がともに四〇パーセント超えで、友人と来たという

人が一番多いと分かりました。

⓫「ファンクラブ会員かどうか」については、ファンクラブも Tigers iD 会員も一五パーセントで、非会員が七割でした。非会員がほとんどであるなか、阪神タイガースへの興味や甲子園での観戦歴も高かったので、会員じゃなくても定期的に試合観戦を楽しんでおり、阪神ファンが「TORACO DAY」に誘われて来場していることが分かります。

⓬「住んでいる地域」は、大阪府内・大阪市が四七パーセントと、半数が大阪府民でした。また、西宮市よりは神戸市のほうが多く、兵庫県民は三〇パーセントでした。前身が「大阪タイガース」であることも関係しているのかな、とふと思いました。もちろん、そのほかの関西地区の人も多かったのですが、岡山県や島根県といった人も数名いたので、「TORACO DAY」への期待度や集客効果が十分にうかがえました。

⓭「仕事」は社会人が四〇パーセントで一番多く、学生は三〇パーセントで二番目でした。当日、学生のなかでも一〇代後半の人が多かったという印象がありましたが、小学生も何人か見かけています。

⓮「年齢」は二〇代以下が五〇パーセントを超えていました。三〇代、四〇代、五〇代は同じくらいで一五パーセント以下でした。「TORACO DAY」は女性のなかでもとくに若い女性をターゲットとしているため、その層の人がたくさん来場していたと言えます。

実は好きだけど……

この結果を、自分の姿と重ねました。私は阪神ファンではあるもののファンクラブには入っておらず、テレビ観戦が主流のなか、「TORACO DAY」には絶対に行こうと考えていました。つまり、阪神タイガースは好きだけど、ファンクラブに入るほど熱狂的でない人でも、「TORACO DAY」が足を運ぶきっかけになっているということです。また、普段の試合よりもこの日に行きたいと思う要素が多いのだと感じました。アンケート調査中も、来場した理由として、「毎年、恒例行事として TORACO DAY に一緒に来ている」という友達同士の若い人がいました。

私自身も、「TORACO DAY」では入場グッズがもらえたり、女性が多いために行きやすいという雰囲気があり、友達を誘いやすいと感じていました。実際、二〇二一年には、野球や阪神タイガース好きの友達に声をかけて一緒に行っています。

普段の阪神タイガースの試合では、男性、そのなかでも「おじさん」が多いという印象があります。そのせいでしょうか。興味があっても若い女性はなかなか足を踏み出すことができません。「野球＝中年男性」というイメージが濃いことも関係しているように感じました。

平日に行われた見学日では、女性も結構いましたが、やはり男性のほうが多く、年齢層は四〇代以降が目立ちました。女性も若者も少ない場所となると、観に行きたくても少し「怖い」とか

「慣れていない」と感じてしまうでしょうし、関西に住んでいる人であれば、ほぼ全試合を地上波のテレビで観戦できるため、わざわざ足を運ぶことはないでしょう。しかし、そのような若い女性でも「TORACO DAY」には来てくれているように感じました。

レジャークッションがもらえるという特典もありますが、女性会員の心理としては、通常の試合よりも誰かを誘いやすいと思われます。また、お連れさまの属性も分かりましたし、同時に行った女性会員へのアンケートにおいて、好きな選手や欲しいグッズなども聞くことができました。これらの結果をふまえながら、試合観戦中に感じたメモも見返しつつ、提案内容を練ろうと思いました。ただの思い付きではなく、リサーチを使えるというのが実践学習の特徴でもあります。

まだまだ続くリサーチ

リサーチに関していえば、最終提案の発表会まで続いています。再び本田先生の指導のもと、「People 調査」を行いました。自分の知り合いに会って、ファンではない一般的な目線で阪神タイガースがどのように思われているのかなどについてヒアリングをするという調査です。

私の場合、友達を中心に一〇人に対して実施しました。この一〇人における、野球や阪神タイガースに対する興味や認識はバラバラです。だから、ファン以外の視点が得られるということです。

アンケートは五択が五問、記述式が五問と合計一〇問あるのですが、ヒアリングなので、その回答をきっかけにして話してもらいました。阪神タイガースの印象やどのようなグッズがもらえたら訪れたいのかなど、野球・阪神好きの考えとはまったく違う考えが得られましたので、とても参考になりました。

そのなかで気付いたのは、「ファンでなくても誘ってくれたら行く」という意見が多かったことです。このことから、新規の女性ファンを獲得するためには、現在ファンという人が誘うというルートが最短かもしれないと感じました。

現在ファンになっている人でも、元々は家族や知り合いが好きで影響されたというパターンが多いはずです。いわば、子どものときから阪神タイガースに関する英才教育を受けていたような人たちです。また、英才教育を受けてきたのは、阪神タイガースのことだけでなく、野球というスポーツについても同じであったと私は思っています。

これらをふまえて私は、野球に興味がない友達の意見も取り入れつつ、実際に「TORACO DAY」で感じたことや阪神ファンの部分も生かして、以下の三つに関して提案することを決めました。

❶「TORACO DAY」に関する提案
❷甲子園球場に関する提案
❸その他の提案

アイデアと熟考の最終提案

発表の際に使用するパワーポイントの作成では、「TORACO DAY」をイメージした色とデザインのテンプレートを心掛けました。かわいらしくできたので、満足しながら提案内容を入れていきます。「① TORACO DAY に関する提案」では、配布グッズ、雰囲気、フード、開催時期について考えました。

まず、毎年ユニフォームがもらえるのはとてもよいと思うのですが、その日以外のグッズのほうが気がかりでした。また、興味がない人が初めて甲子園球場に来て、ルールや選手も知らないなかでユニフォームを着て観戦するというのはハードルが高いです。

そこで、野球に興味がない仲のよい友達に聞いたうえで提案したのは「ラバーバンド」です。ファンへの入り口として初観戦するなら、来場記念程度のグッズがよいと考えたわけです。フェスなどでもよく使用されるラバーバンドなら、かさばることがなく、適度にタイガースを感じられるのでいいと思ったのです。ファンにとっても、リュックなどにも付けられますし、さりげなく「TORACO グッズ」を身につけることができます。

また、過去のグッズとして、スマホショルダーやランチトートなど、TORACO として試合観戦で使いたくなるものが多かったですが、「TIGERS」と大きくデザインされていたり、派手であることから普段使いは難しいと感じていました。

そこで、もう一つのグッズ案として、大きめのトートバッグを考えました。色味はTORACOの淡い色合いで、デザインはシンプルに、小さく「TORACO」と書いてあるような柄にしました。大きめなので観戦時のグッズも入りますし、TORACOを感じられるデザインながらも、主張が控えめなので普段使いにもバッチリだと思ったからです。イメージ図も作成して、発表することにしました。

もちろん、「TORACO DAY」の雰囲気づくりにも目を配りました。実際に試合観戦したときに感じたのですが、外観や映像は「TORACO感」が満載なのに、選手は通常日と変わりません。観客は「TORACOユニフォーム」を着ていて淡い黄色に包まれていましたが、選手のユニフォームやグローブは白と黒でした。「母の日」はピンク色のバットにしたり、「ウル虎の日（夏）」のときは専用のユニフォームを着たりしていますし、その様子がテレビ観戦でも伝わってきます。しかし、「TORACO DAY」ではいつもと変わらない雰囲気なので、どこか物足りなく、現地観戦以外の人はイベントをしていると気付かないでしょう。

せっかく観客席がかわいらしい飾り付けやグッズであふれているわけですから、選手もTORACOユニフォームやTORACO色のアームカバーなどを身につけて、一緒に「TORACO DAY」が楽しめるという雰囲気にしたほうが女性ファンはもっと盛り上がれると思いました。

さらに、ＳＮＳに絡ませて考えたことがあります。限定フードを購入した際に「改善点を感じた」と記しましたが、それはデザインのことです。実際に写真を撮ってみたのですが、「TORACO DAY」とのかかわりが一切分かりません。確かに限定フードなのですが、ステッカーや旗のような装飾がないため、写真を撮ってもＳＮＳに載せたいとはあまり思えなかったのです。

そこで、ドリンクのカップにその年の TORACO のビジュアルステッカーを貼ることで、フードを見ただけで「TORACO DAY」だと分かるものはどうかと考えました。現に、他球団の女性向けイベントの日に提供されている限定フードには、カップにもイラストがあったり、選手カードのおまけが付いていたりと、通常のフードとの差別化を図っているのを見ていたので、この点を改善すれば購買意欲が高まると考えました。

最後に開催時期ですが、年に二回となっている「TORACO DAY」はやはり少ないです。回数を増やしたほうがよいと思います。毎年、夏頃に甲子園球場と京セラドーム大阪での一回ずつとなっていますが、予定を合わせるのが難しいとファンは感じているはずです。また、四月や五月であれば開幕して間もないので、順位なども気にすることなく、ライトな女性ファンが観戦しやすいと思いました。

このような思いつきから、夏のメインデーに向けて観戦意欲を高める「ミニ TORACO DAY」の開催を考えました。夏は暑さが理由で尻込みする人も、春なら行きやすいと思ったからです。

画面越しでは味わえないものとは

「②甲子園球場に関する提案」として私は、まずWi-Fiと売り子さんに着目しました。球場内でスマートフォンを操作したときにモバイル通信がつながりにくく、せっかく撮った写真をSNSに挙げるのにとても時間がかかりました。若い女性はスマートフォンをよく使いますし、SNSの利用者も多いです。そのなかでも、Instagramは写真や動画を載せるため、ギガ数の消費が激しいと言われています。

つまり、通信状況が悪い座席でのリアルタイムの投稿は難しいと感じたわけです。Wi-Fiがあれば、来場している女性が通信を気にすることなく「TORACO DAY」の写真を載せられるため、友達にもTORACOが広がりますし、選手を調べたりして、より試合を楽しむのではないかと思いました。席によってスマートフォンのつながりやすさに差があるというのは不公平です。どの座席でも使用できる環境にすべきだと感じました。

また、メンバーの一人が売り子さんを見て、「アルコールが飲めたら買いたいのに」と言ったとき、私はビール以外のサーバーもあればより楽しめるのではないかと思いました。

売り子さんから直接注いでもらうというのは現地観戦ならではの、楽しめる要素の一つだと思います。しかし、ビールが飲めないとか苦手な人はペットボトル飲料やアイスしか購入できず、売り子さんならではのサービスが味わえないことになります。そこで、コーラやミルクティーなど、ビール以外のサーバーがあれば少し高くても購入してくれるのではないかと考えました。さらに、「TORACO DAY」限定の売り子さんとして、限定フードやドリンクを販売するというのもレア感があっていいと思いました。

目には目を、若者には若者を

最後の「③その他の提案」としては、ＳＮＳの運用と「コラボ」を考えました。阪神タイガースには公式のＳＮＳがあり、頻繁に投稿されていますが、それとは別に「TORACO アカウント」もあります。投稿内容は「TORACO DAY」に特化されたものですが、開催直前以外はほとんど運用されていません。そのため、フォローしていても新しい情報や投稿がないので、一般的な阪神タイガースのアカウントだけフォローしておけばいいか、と感じてしまいます。

よって、開催時期以外も、選手の誕生日祝いの投稿など、年間を通してアカウントが使用されるほうがフォロワーも増えて、たくさんの人に見てもらえると考えました。

さて、コラボに関する提案ですが、その相手は大学生です。武庫川女子大学に入学してから、私は野球やタイガースが好きだという人にたくさん出会ってきました。甲子園球場が近いことも関係しているでしょうが、クラスやゼミで阪神ファンの友達もできました。このため、今回の実践学習のように、武庫川女子大学と阪神タイガースの協力関係を生かし、もっと直接的にコラボして、現役女子大学生が宣伝やボランティアを担うというスタイルが面白いと思います。

Jリーグに所属しているサッカーのチームと地元の大学がコラボをしている様子も実際に見かけます。しかも、甲子園球場のある西宮市はとても大学が多いのです。女子大も短大もありますし、大きい共学校には野球サークルがいくつもあるのです。それらをつないで、阪神タイガースの魅力発信を学生に委ねるというのがよいと考えました。

最終発表会の臨場感

以上のことを、時間をかけてパワーポイントにまとめ、文字だけでなく、画像やイラストも使って分かりやすさにも配慮して提案資料をつくりました。

阪神タイガース
新規女性ファン獲得プロジェクト
武庫川女子大学経営学部　3A-49
樋田彩花（ひつだあやか）

個人提案の資料の表紙。TORACO カラーに合わせた

八月三日に「甲子園歴史館」に集合し、いよいよプロジェクトの最後の仕上げとなる最終提案の発表会が開催されることになりました。それぞれが、作成したパワーポイントを使って数人の社員の前で発表するため、はじまる前から緊張感にあふれていました。

当日までに二回ほど阪神電鉄側との打ち合わせをオンラインで行ったのですが、対面でしか感じ取れない緊張感がその場に漂っていました。そんななか、いよいよ私の番が来ました。前に移動して、大きなスクリーンにパワーポイントを映し出します。目の前には社員の人、奥にはメンバーがいて、記録用のカメラマンもいました。

発表している間、みなさんはリアクションをしてくれながらメモを取られていました。私は、女子大生かつライトな阪神ファンとしての目線からの提案には需要があるはずだと信じて、最後まで話しきりました。パワーポイントを使用した発表自体は授業でよく行っているため、緊張はし

最終提案報告会の様子（筆者は前列・右から２番目）

ていたものの、時間どおりに、練習どおりに発表を終えることができて本当に安堵しました。

その後も、ほかのメンバーの発表が次々と続きました。提案内容はさまざまで、同じ課題に対しても違う解決案が出たり、同じようなグッズの提案があったりと、勉強にもなりました。資料のつくり方が全然違うため、個性が感じられましたし、アーティストが行うライブのような演出やアイドルのようなグッズ案まで見られました。

阪神タイガースに対しての興味の有無は関係なく、みんなが新規女性ファン獲得のことを真剣に考えた集大成を発表したわけです。リサーチはチームでも行いましたが、提案は個人で行ったため、よりそれぞれの色が出せたと感じました。

パワーアップまちがいなし

全員の発表が終わったあと、阪神電鉄側のみなさんから感想やご指摘をもらっています。私の提案に対しては、「ラバーバンドの案が具体性に欠ける」と言われ、「どのような友達が欲しがっていたのか、詳細が分かればなおよかった」と指摘されました。

球場における雰囲気に関しては、選手に「TORACO DAY用」のユニフォームを着てもらうというのはハードルが高いため、いつもどおりだそうです。しかし、アームウォーマーなどの装飾品ならハードルが下がるため、「すぐにTORACOユニフォームの着用は難しいが、小物から実現させていきたい」と言ってもらえました。

私の勝手な想像ですが、社員のみなさんを見ていると、ユニフォームを選手に着てもらったほうが雰囲気は増すと分かっているけど……という感じに思えました。

「ミニTORACO DAY」についてはいいリアクションをいただけ、Wi-Fiについても、「若者のSNS利用がそこまで重要だとは思わなかったから、ありがたい」と言われました。もちろん、「SNSについても工夫したい」という反応がありました。また、「武庫川女子大学とのコラボはぜひ」と言っていただけましたし、「過去には野球サークルとのコラボもしていたから、原点を思い出せた」とも言われました。

こうして、私たちの「阪神タイガース新規女性ファン獲得プロジェクト」の実践学習は終了しました。三か月間にわたる阪神タイガースについての新たな発見や、ファンマーケティングの視点での提案発表は、ほかでは経験できない貴重なものであり、私自身、成長できたと感じています。

原稿の執筆中に、二〇二三年の「TORACO DAY」の入場者プレゼントが発表されました。ユニフォーム以外のプレゼントのデザインがよく、明らかに例年と傾向が違っていたのでビックリしました。なかには、私たちの意見が反映されたのではないかと感じられるデザインのものや、二〇二三年の阪神タイガースグッズのなかには、ほかのメンバーが提案した「推《お》し活シリーズ」(1)も増えていました。

楽しみながら貴重な体験をさせてもらえたうえに、私たちの提案がちゃんと届いていたように感じられ、このうえなく達成感にあふれています。言うまでもなく、今年の「TORACO DAY」が待ち遠しいです。

---

(1)　アイドルなど複数名いるグループのなかで自分の好きなメンバーのことを「推し」と呼び、グッズを部屋に飾ったり、カフェや旅行に持っていき、「推しを応援する活動」を略して「推し活」と言います。それを、野球界にも使えるのではという提案でした。実際、二〇二三年には選手の「推し活グッズ」というブースができており、今までなかった商品が多数販売されています。

第7章　新たな自分に気付いた実践学習——日比谷花壇の事例から

（今井秋音）

不登校からの挑戦

みなさん、初めまして！　私は「花文化の普及に向けた、新しい取り組みの提案」というプロジェクトに参加しました、武庫川女子大学経営学部四年生の今井秋音です。

プロジェクトについて語る前に、みなさんに知っておいていただきたいことがあります。それは、「なんで、こんなにもネガティブなのか」と思うほど、私は「超ネガティブ思考人間」であるということです。

ネガティブ思考になったきっかけは、中学・高校時代に経験した二度の不登校です。中学校に入学してすぐ仲のよい友人ができたのですが、三か月ほど経ったころに突然態度が変わり、その友人を中心として一部の同級生からいじめを受けました。

この出来事で一度目の不登校を経験し、気が強い人や発言力のある人が苦手になってしまいます。人生最悪の出来事はまちがいなくこの時期ですが、両親と友人に助けられ、「高校ではやり直したい！　弱い自分に負けたくない！」という思いがあり、時々休みながらも学校に通って猛勉強し、第一志望の公立高校に合格しました。

筆者

合格したのは自宅から自転車で五〇分かかる、全校生徒約一〇〇〇人の高校です。第一希望の学校に合格して大変うれしかったのですが、高校に入学してやり直せたのかというとそうではありません。中学時代のことがきっかけで、周囲からの評価を気にしてしまい、自分に自信がもてなくなっていました。そして、高校一年生の三学期、二度目の不登校を経験します。このころには、「自分はダメな人間だ」と思い込むようになりました。

しかし、高校だけは卒業しないとまずいと思い、二年生から通信制高校に転校して卒業しました。受験期に武庫川女子大学を受けようと思った理由は二つ。

一つ目は、家から近い大学だということ。転校前に通っていた公立高校の通学時間が五〇分で大変だったので、大学は近いところにしようと決めていました。

二つ目は、新しい学部だということ。「変わりたい」という思いと、大学では何か新しい挑戦がしたいという思いがあったため、「実践学習」というプログラムなら自分の新しい力を身につけられるのではないかと感じて入学を決めました。武庫川女子大学経営学部に入学してからは勉強や委員会活動など、忙しくも充実した日々を送っています。

このような経験をしてきた私が取り組んできた今回の実践学習ですが、私にとっては「新しい挑戦」であり、「自分のネガティブな性格と向き合った経験」でもあります。実践学習中の私の気持ちを語るなかで、「えっ、そんな風に感じる?」とか「私にもそういうときがある!」など、読む人によって感想が異なると思います。「こんな人もいるのだな」と、楽しみながら読み進めていただきたいです。

日比谷花壇プロジェクトの概要

私が参加したのは、「株式会社日比谷花壇」と「花文化の普及に向けた、新しい取り組みの提案」というプロジェクトで、約一年間にわたる活動となりました。

「日比谷花壇」は、売上・顧客件数ともに業界一位の企業で、「花とみどりを通じて、人々のくらしを心豊かなものにしていきたい」という考えのもと、人生における大切なシーンを花で彩っています。個人だけでなく企業や自治体とも取引があり、結婚式のお花や企業用途の慶弔のお花、オフィスグリーンを提供されています。神戸市では、異人館（風見鶏の館、ラインの館）の指定管理事業者として運営をされるなど、取引先は多岐にわたっています。

二〇二一年の花き業界は、結婚式、卒業式など人が集まるイベントがコロナ禍で中止となり、花の消費低迷が課題となっていました。また、花農家がいくら花を生産しても使用する機会が少なくなり、出荷することなく破棄されてしまうという「フラワーロス」の発生や、若い世代の花離れなどといったさまざまな課題が存在していました。それゆえ、新しい生活様式における家庭や職場での利用拡大・定着に向けた、花の新しい装飾スタイルの提案・普及に対する取り組みが求められていたのです。

そこで私たち学生が、花き業界の現状把握から、日常におけるフィールドワークを通して、花文化の普及や新たな需要の創出に向けた取り組みについての提案を行ったわけです。

多くのプロジェクトが存在するのに、なぜこのプロジェクトに参加したかというと、「商品企画をしたい」という私の願いに当てはまったからです。日々の授業でかなりの時間を費やして勉強をしていたので、知識には自信があり、実践学習を自らの力を試す場としたかったのです。商品企画ができるプロジェクトのなかでも、以前から自然にかかわることが好きで、花に関するビジネスに興味があったことから「日比谷花壇」における実践学習に決めました。

また、プロジェクトの担当教員が一年生のときからお世話になっていた西口智美先生だったので、「親身になって相談に乗ってくださるかもしれない」と思ったことも応募理由の一つです。

大まかな活動の流れとしては、前期は消費者調査や店舗調査などのリサーチをして花き業界への理解を深め、アイデアを自由に提案させていただきました。後期は、神戸阪急でのイベント開催が決まっていたので、その企画からイベントの実現、運営までかかわらせていただきました。

実践学習がはじまった

前期のプロジェクト初日、経営学部の教室にてスケジュールや実践学習の目的についての説明がありました。説明会で聞いた大まかなスケジュールは次のとおりです。

プロジェクトの説明会が終わったあと、五月に若者の花文化に関する意識調査を実施し、「日比谷花壇神戸支社」で花にかかわる仕事体験をさせてもらい、その後、調査結果を分析し、チームで考案した企画のプレゼンテーションをしたうえで商品化させる企画が選ばれます。ここで、前期の実践学習が終わります。

後期になると、前期の内容をふまえて内容が調整されますが、若者向けの新商品発表会や展示会、新商品の販促・ＰＲ宣伝広告プランの提案となります。

スケジュールの説明に加え、この日は「日比谷花壇」の櫻井隆史さんからお話がありました。櫻井さんは、「日比谷花壇」でマネージャーを務めている男性で、第一印象は物腰の柔らかな人という感じです。お話を聞いていると、お花を愛する気持ちがレーザービームのように伝わってきました。

印象に残っているのは、「みなさんの若い目線で、若い世代の方がよりお花に興味をもつような企画を提案していただきたいです」という言葉です。お花とビジネスのプロにかけていただいた言葉、貴重な機会をいただいているわけだから、絶対にプロジェクトを成功させたいという責任感が芽生えた瞬間です。

四つの調査による発見

櫻井さんの話を聞いたあと、日比谷花壇を取り巻く環境について知るために「店舗調査」、「インターネット調査」、「消費者調査」、「会社概要調査」という四つのチームに分かれて調査を進め

初日・実践の説明会。学生12名が参加し、西口先生からプロジェクト概要の説明を受けた

ることになりました。

私は「店舗調査チーム」に所属し、指導教員の西口先生から調査方法の説明を受けたあと、チームのメンバー三人で手分けをして、合計一〇店舗の調査を行いました。私が担当したのは五店舗で、大学近辺にある商業施設や梅田にある店舗に一〇分間ずつ滞在して、商品や販売価格、お客さまの年齢層や雰囲気などを調査しています。一般のお客さまがいるなかでの調査であったため、迷惑にならないように気を付けながら調査しました。五店舗を調査して分かったことが二つあります。

一つ目は、店舗によってターゲットとする顧客や店舗の雰囲気（高級感、カジュアルなど）、そして販売方法がまったく異なっていたことです。「店の雰囲気や販売方法によって、他店と同じ花が高く売られていても買ってもらえるのだ」と感動したことを覚えています。

二つ目は、販売されている花の種類が多いことです。とくに都会の店舗になりますが、生花だけでなくプリザーブドフラワーやドライフラワー、スワッグ（壁飾り）といったものが販売されていました。自宅付近にある花屋さんと比べるとまったく異なる品揃えとなっており、驚きました。

今となっては、この二つの「気付き」が当然のことのように感じられるので、一年間で成長したのだなと思っています。

後日行われたミーティングでは、それぞれの調査結果を全員で共有しました。「インターネット調査チーム」からはインターネット上で販売されている商品や競合企業、「消費者調査チーム」からは若者の花に対するイメージ、「会社概要調査チーム」からは「日比谷花壇」の花の定額サービスである「ハナノヒ」や、販売している商品についての報告を受けています。

調査結果の報告を聞いていてとくに印象に残ったのが「消費者調査チーム」です。このチームは若者世代にインタビュー調査を行い、花に対して抱いている印象や、どのようなシーンで花を購入するのかといった点の調査をしていました。その調査から、「花は普段使いするのではなく、特別な日に購入するもの」というイメージを若者世代がもっていることが分かり、「花」はまだまだ遠い存在なのだと実感しました。

よいアイデアが出ない三人のオンラインミーティング

調査結果の共有後、各チームから花文化普及に向けた商品・イベントを企画するためのミーティングを行いました。プロジェクトの担当教員である西口先生が、「分析や仮説が解決したい課題とずれていると企画の有効性が大幅に下がってしまいます。そうなれば課題解決につながらないので、企画を実行する意味もなくなってしまいます」と教えてくれました。要するに、調査を行ったあとの分析や仮説を立てることが非常に重要であるということです。

そこで私たちは、①若者は特別な日に花を購入する、②花に対してはプラスなイメージが強いが、「枯れる」とか「世話が大変」というイメージがある、という理由から、「花に対するマイナスのイメージを払拭し、若者が興味をもっている対象と結び付ければ花文化の普及につながる」という仮説を立てました。

私たちが想像していた若者の興味というのは、「カフェめぐり」や「推し活（好きなアイドルやキャラクターなどを応援する活動）」でした。それらと花を結び付ければ、若い世代に対して花文化の普及につながるのではないかと考えたわけです。

この仮説をもとにして、企画立案のためのミーティングを進めました。コロナ禍のためミーティングはすべてオンラインとなり、前期のみで合計一〇回、時間にすると二六時間を企画立案に使っています。

私は独自性のあるアイデアを出すことが苦手なため、このときがもっとも努力した期間だったと感じています。チームのメンバーにも「アイデア出し」を苦手としている学生が多く、さまざまな意見が出たわけですが、それは「日比谷花壇」が求めているアイデアなのか、独自性はあるのか、という視点から考えると、「これがいい！」と思えるほどのアイデアがなかなか出ませんでした。アイデアがあまり出なかった理由として、対面でのミーティングができなかったことが挙げられます。

「日比谷花壇」のプロジェクトに参加する前に参加したほかの実践学習では、五人一組のチームに対して、「コロナ禍で売上が落ち込む飲食店の対策を考える」という課題が出ました。このときは対面での打ち合わせでした。顔を見ながら話すと相手のリアクションが分かるので、「自分が出したアイデアに対して相手がどれほど納得しているのか」が伝わってきたり、会話のなかで新しい視点が生まれやすいために話が進みやすいという多くのメリットがありました。このような経験から、もし企画立案ミーティングが対面であったなら、もう少しアイデアが出たかもしれないと思っています。

前期の最終発表

長時間のミーティングを経てチームで考え出したのは、「子どもと一緒に育てる花」、「花を使ったアフターヌーンティー」の二つです。

前期の最終発表では、アフターヌーンティーをメインに提案させてもらいました。提案内容を簡単に言うと、花で装飾された店内がカフェになっており、「エディブルフラワー」という食べられるお花を添えたメニューを提供するというものです。また、カフェの隣には花屋を併設するという形で相乗効果を狙います。

この発表後にいただいたコメントは、「実はこれ、中年層向けにやったことあるのですよ」というまさかのひと言でした。前例があるのかどうかと調べたつもりだったのですが、ターゲットが違うとはいえ、実行済みだと知って驚きました。

反省点としては、提案内容についてもっと調べなければならないということ、そして商品案は既存商品を組み合わせただけなので、次回以降はもう少しアイデアを練って発展させるべき、という点となります。しかし、「花をテーマにしたカフェを若者向けにしようという考えはなかった」というコメントをいただきました。

ちなみに、ほかのチームは、バレンタインデーに百貨店で販売する花や、出産を控えた若いお母さんをターゲットにした「ジェンダーリビールフラワー」という商品、花の展示やガチャガチャが設置してある美術館などを提案していました。

アトリエでのブーケづくり体験

最終発表が終わって夏休みに入る前、日比谷花壇のアトリエでブーケづくり体験をさせてもらえることになり

前期の最終発表。チームごとに発表を行い、日比谷花壇と西口先生からフィードバックをいただいた。発表者左が筆者

ました。このアトリエは「日比谷花壇」の神戸支社でもあり、神戸三宮駅から徒歩一五分ぐらいのところにあります。予定では前期最終発表の前に行われることになっていましたが、メンバー一二名と「日比谷花壇」との都合が合わなかったため、実施時期が夏休み前に変更されました。

ブーケづくり体験は六人ずつに分かれて二日間の日程で行われましたが、私が参加した日には西口先生も同席されていました。このアトリエは本当にお洒落で、私の想像する「職場」の範疇をはるかに超えていたので「驚き」のひと言しかありません。

イメージでいうと、アトリエというよりも都会にある「カフェ」のような空間です。花屋というと美的センスが必要な職業だと考えますが、その感覚を刺激するような素敵なアトリエで、「こんな職場で働けたら幸せだろうな」と感じました。

ブーケをつくる前には、「花屋に並ぶブーケがどのようにしてつくられているのか」を映像で学びました。映像を見た時点では「ブーケって、配色と花の種類さえ気を付ければ簡単につくれそう！」と思っていた私ですが、その考えはブーケをつくりはじめてすぐに覆されることになり

アトリエでのフラワーアレンジメント体験（一番右が筆者）。学生６人と西口先生で訪問した

ます。

たとえば、花の色が三種類あって、同じ色が隣り合わせにならないよう配置したいと思った場合、「ここにしたいな」という位置に花を持っていくのが難しいのです。花の持ち方も特殊で、持っているだけでも落としそうになりました。ブーケの形をつくるだけでも大変苦労したのですが、ラッピングペーパーを使ってブーケを包むというのも至難の業でした。

中学校時代は家庭科部に所属していたので器用さには自信がありましたし、少しは美的センスもあるだろうと思っていたのですが……。花屋で働いている方々の器用さと美的センス、ただただ「スゴイ」です。

案の定、メンバーからも「難しい！　思っていたよりうまくつくれない」という声が聞こえてきたので、ブーケづくりは決して簡単ではないと分かりました。メンバーがつくったものと比べると、私がつくったブーケは少し不格好に思えましたが、ブーケをつくるという機会はそうないだけに、貴重な体験をさせていただいたことに感謝しています。

筆者が作成したブーケ。ラッピングペーパー（白とグレーの紙）があるとかなり高級感が出た

プロジェクトからの辞退さえ考えた、後期の企画ミーティング

後期最初の実践学習では、再び「日比谷花壇」の櫻井さんから話をうかがい、神戸阪急百貨店の二階にある店舗で三月に行われる「春祭～ハルサイ～」でのイベント開催が決定したという報告を受けました。

プロジェクト募集時の予定では、「学生が企画提案したものを商品化する」と聞いていたのですが、それがイベント企画に変わったことで「商品化じゃないの？　イメージしていた内容と違う」と落ち込む学生もいましたが、神戸阪急でイベントが実施できるとは思っていなかったため大変驚きましたし、「みんなで考えた企画を実現することができる！」と嬉しく思いました。実践学習においては、企画を提案するだけで終了するというプロジェクトも少なくないので、実現まで運べるというプロジェクトは結構珍しいと言えます。

企画立案にあたり、チームを再編して、活動することにしました。実は、後期に入ってから、一二人いたメンバーが九人まで減ってしまったのです。そこで、五名と四名のチームに再編し、私は前者に所属してミーティングや企画提案をすることになりました。このチーム再編で一緒になったメンバーがきっかけで、冒頭でお話しした「ネガティブな性格と向き合う経験」をすることになります。

グループの二名は実践学習に参加する以前からかかわりがある友人でしたが、ともに自分の意見があって、主張をしっかりするタイプの人だったので、尊敬はしているものの、ミーティングのときだけはちょっと苦手意識がありました。

自己紹介でお話ししたとおり、私は発言力のある人が苦手で、意見をビシッと言うような学生が一人でもいると自分の意見が言えなかったり、本来の考え方や行動ができなくなったりします。そのため、意見に反対されることや、「それは無理じゃない？」といったように否定されることをとても怖がっていました。さらに、自分のアイデアに独自性がないというコンプレックスも相まって、一つも意見を出せなくなることがありました。

メンバー　秋音ちゃんは何か意見ないの？
今　井　ごめん、いいアイデアが浮かんでいなくて。考えてはいるんだけど……。
メンバー　……。埒が明かないよ。

こんな感じのミーティングをオンラインでしたわけですが、メンバーの声色から、メンバーがイライラしている状態が伝わってきました。メンバーに対する申し訳なさと自分の意見を言えない悔しさで、ミーティングの回数を重ねるたびに「意見の一つも言えない自分はダメだ」とか「自分がいないほうがイライラさせないし、円滑に進んでいたかも……」と自らを責めていました。

企画に関するミーティングは全部で六回行いましたが、私が意見を出せず、このときだけは、「三人が抜けたタイミングで私も抜ければよかった」と思うほど辛かったです。しかし、このとき、「自分の悪いところばかりを見つけて落ち込むという癖がある」ことにやっと気付いたのです！

中間発表

そんなミーティングを経て中間発表の時期になりました。

中間発表は、武庫川女子大学経営学部の校舎で行われることになり、「日比谷花壇」のみなさまに加えて、神戸阪急百貨店の担当者三名にも来校していただき、企画に対するアドバイスや評価をいただきました。

前述したように、私はミーティングのときに意見が出せず、自分の考えはほとんど企画に反映されませんでしたが、それでもチームとしての発表だったので、「日比谷花壇と神戸阪急のみなさまはどのように感じられるかな」と大変緊張しながら、チームの代表者二名が行う発表を聞いていました。

私たちのチームが提案したのは、若者が多く訪れる化粧品売り場と連携したイベントの開催です。化粧品を五〇〇〇円以上購入した人を対象とし、①Ｓポイントカード（主に阪急阪神グループの施設で使用できるポイントカード）を所持している、もしくは②Instagramでハッシュタグをつけて投稿してくれた人、のどちらかを満たしている人に「おみくじ」を引いてもらい、それに書かれている花を一輪プレゼントするというものです。

同じフロアに日比谷花壇の店舗があるので、花屋に入るきっかけづくりとするため、景品の受け取り場所をその店舗としました。

阪急百貨店には化粧品の売上増加というメリットが、日比谷花壇には企業の認知拡大ができ、花と消費者の出合いが高まるように考慮して企画を提案したわけです。

続いて、もう一つのチームからの提案です。その内容は、①大きなボードを会場に設置して交流を図る、②参加費をいただいて、全員に一等～四等の商品が当たるというくじを実施するというものでした。このチームの提案も非常に面白く、ワクワク感のある企画だと私は感じました。

各チームからの提案後にフィードバックをいただきましたが、西口先生や日比谷花壇、神戸阪急のみなさんか

中間発表時の様子。左端にいるのが筆者。右端が指導教員の西口先生

らの評価は結構厳しい内容で、私たちのチームに対しては、「化粧品ブランドによっては連携ができない」、「金額やお客さまがすべきことが多く、参加条件が厳しいので、ターゲットをもう少し広げたほうがよい」といった鋭いご意見をいただきました。

別のチームに対しても、「景品に差があると不平等に感じる人がいないか」、「参加費を払ってでも参加したいと思う人がどのくらいいるのか、その根拠が足りない」という意見がありました。私自身は、両方とも若者が参加しやすい企画内容だと感じていたため、気付けなかったところを指摘され、ハッとするとともに少し落ち込みました。

待ちに待った最終発表でも問題が

中間発表のあとは、アドバイスを参考にし、売上データを見ながら少しずつ提案内容を修正したうえで発表資料を完成させています。

参加できなかった最終発表の質疑応答の様子。日比谷花壇と神戸阪急のみなさんが参加した

いよいよ最終発表の日が近づいてきました。企画に対してどのような評価をいただけるのかとその日を心待ちにしていたのですが、家族が新型コロナウイルスに罹患したために参加できなくなってしまいました。

そのため、チームメンバーから後日聞いた話になりますが、日比谷花壇と神戸阪急百貨店から合計六人が審査員としてお越しくださったそうです。最終発表が終わるとすぐに結果が発表され、「化粧品フロアと連携したイベント」と「ボードの展示」の両方が採用されることになりました。

企画を簡単に言うと、対象者に「おみくじ」を引いてもらい、アタリが出た人にお花一輪をプレゼントするというもので、中間発表のときとそれほど変わっていません。景品としては、球根をリユースしたチューリップが使用されることになり、メンバーの数名が「道の駅　神戸フルーツフラワーパーク」に行って球根の植え付け作業をしました。残念ながら、私はこの作業にも参加できませんでした。

「道の駅　神戸フルーツフラワーパーク」© スタジオアイロニー
〒651-1522　神戸市北区大沢町上大沢2150

「道の駅　神戸フルーツフラワーパーク大沢」は神戸市の山側に位置しており、神戸電鉄の岡場駅から、バスかタクシーを使えば一五分程度で行くことができます。近隣には、「神戸三田プレミアムアウトレット」や「かねふくめんたいパーク」があります。ここでは、四季折々の花々の観賞に加えて、毎年七月下旬〜一一月上旬には、リンゴやブドウなどのフルーツ狩りを楽しむことができます。

今回使用するチューリップは、すでに咲き終わって、廃棄される球根を再度利用して植えたものです。すでに複数回開花しているため通常のチューリップより育ちは小さいですが、それもまた魅力的です。

この企画の準備として、①展示に使用する花言葉の考案、②リユースの取り組みに関する説明ボードの作成、という課題をいただきました。花言葉については全員が一つずつ考案し、説明ボードの作成についてはチームのメンバー一名が取り組むことになりました。

しかし、説明ボードの担当になったメンバーが、「何をどうしていいか分からない」と困ってしまったので、後期に入ってから何もできていないと感じていた私が手伝う形で作成しました。ボードに掲載する内容は、「道の駅　神戸フルーツフラワーパーク大沢」でのリユースの取り組みについてです。オンラインで画面共有をしながら、数時間ほどかけて完成させました。

自分の「好き」を見つけた店頭での接客

二〇二二年三月一六日、いよいよイベントの開始です。イベント会場となる神戸阪急百貨店は神戸三宮駅から徒歩五分のところにあり、年齢を問わず、毎日たくさんのお客さまが訪れています。イベント開場として使用させていただいたのは、二階にある「ビューティーステーション」です。ビューティーステーションの周辺には化粧品ブランドが並び、とくに若い世代のお客さまがたくさん訪れるフロアとなっています。

神戸阪急の店頭に立てば私たちは店員として映るため、会場に立つ前に「接客マナー研修」を受けることになりました。研修を受けたことで勉強になったことがたくさんありますが、とくに印象に残ったのは、「聞かれたことを『分かりません』で済まさず、『お調べします』とお答えする」ということです。お客さま一人ひとりに対して丁寧な接客をされているからこそ、毎日多くのお客さまが来店されるのだろうと改めて感じました。

研修を受けたあと、実際にイベント会場へ行っての接客となります。イベントの名前は「Spring Flower Spot」、通称「スプスポ」です。きれいな花が生けられた「花❀HANA展」とインパクトのあるメッセージボード、そして可愛らしいガチャガチャが設置されており、

接客研修を受けるメンバー。阪急百貨店の一流の接客を教わり、春らしい服装でイベントに臨んだ

我ながら素敵なイベント会場にテンションが上がりました。

少し前に作成したリユースの取り組みに関する説明ボードも飾られています。まだ何もないメッセージボードがこれからどのように彩られていくのか、楽しみになりました。

学生に課せられた仕事内容は、お客さまにイベントのご案内をすることはもちろん、手の空いた時間帯にはガチャガチャの中身を詰めたり、花言葉の切り抜き作業となります。また、日比谷花壇のスタッフと一緒に、足りなくなったお花の用意もしています。

そして、以下のような流れでお客さまにイベントを体験してもらいました。

❶対象の化粧品ブランド（三店舗）を二二〇〇円以上買ってもらう。

❷対象となる人に配られるガチャガチャチケットを会場に持参。

❸運営する学生スタッフがチケットを受け取り、ガチャガ

イベント初日のSpring Flower Spot。ボード下に並べてあるのは神戸フルーツフラワーパークでメンバーが植えたチューリップ

「花❀HANA展」

チャを回してもらう。

❹「アタリ」を引くと、チューリップの鉢植えかお花一輪がもらえる。

※はずれの場合の景品はなく、学生が考案した花言葉とメッセージのみ。

❺ガチャガチャに入っているメッセージカードに、「春からの抱負」、「普段言えない感謝の気持ち」を書いてもらってメッセージボードに貼り、すぐ横に展示されている「花❀HANA展」を観賞してもらう。

最終発表の際に提案した金額は五〇〇〇円以上となっていましたが、より若い世代がイベントに参加できるようにと、二二〇〇円に金額を変更しています。イベントがはじまるまでは「お客さまは来てくださるのか」と不安に思っていましたが、いざはじまると、想定していた以上のお客さまにお越しいただけて嬉しかったです。

お客さまのなかには武庫川女子大学への進学が決まった高校生や卒業生がいらっしゃり、話しか

メッセージを受け取る筆者。緊張したが、お客さまの笑顔を見ることができた

けてくださることもありました。お客さまとの会話が本当に楽しく、イベントに参加したことでたくさんの「笑顔」を間近で見ることができ、私も温かい気持ちになりました。「ひょっとしたら、私、人と話すことが好きかもしれない」と思うようになりました。

　お客さまからは、「このお花のイベントは武庫女がやっているの？　春らしくて素敵ですね！」とか「やっぱりお花はいいですね。当たったお花、家に飾らせてもらいます」などのお声をいただき、会話を通して、多くの人がお花を好まれていることを感じ取りました。

　イベント中、時々、日比谷花壇と神戸阪急のスタッフが様子を見に来てくださり、「イベント、どんな感じですか？」といった声かけがあったほか、友人の話によると、西口先生もイベントに来られ、メッセージカードを書いたり、写真を撮影して楽しまれていたとのことでした。

イベント案内のボード

用意した鉢植えの人気がない

スタッフとして店頭に立ちはじめてから五日ほど経ったころ、日比谷花壇のスタッフから、「チューリップの鉢植えの人気がないので、景品の切り花の数を減らしています」という報告を受けました。メンバーが植えたチューリップということもありますが、フラワーロスを防ぐ取り組みについて知ってもらう機会にもなるため「持ち帰って欲しい」と思っていたのですが、「人気がない」ということです。なぜだろうと、その理由を考えると二つのことが分かりました。

一つ目は、持ち帰るのが大変だということ。今回の企画では、「花とは異なる目的で来店された人」もターゲットとしていたため、化粧品や雑貨などの購入品ですでに手がいっぱいになり、鉢植えを持ち帰ることができないという人がたくさんいらっしゃいました。なかには、一輪の切り花でさえ「いらないです」と言う人もおられ、「せっかくアタリを引けたのに、もったいないなあー」と感じることもありました。

二つ目は、鉢植えの育て方が分からないということです。いかにも若者らしい理由だと思います。若者は、切り花を飾る機会はあっ

人気のなかった鉢植とガチャガチャ

ても、鉢植えを育てる機会が少ないので、せっかくきれいな鉢植えをもらったとしても適切な育て方ができず、枯らしてしまう可能性が高いということです。実際に、「興味はあるけれど育て方が分からないので、切り花のほうにしておきます」と話す人が多かったです。

このような理由に加えて、リユースしたチューリップの魅力がしっかりと伝わっていないと感じたので、景品を選んでいただくときに「声かけ」の工夫をしました。たとえば、以下のようにです。

「今回景品に使用している鉢植えは、チューリップの球根を再利用したものなんです。通常のものより少しサイズは小さくなりますが、だからこそ可愛らしい魅力があっておすすめですよ」

「普段、鉢植えを育てる機会が少ないと思いますので、この機会にいかがでしょうか」

接客時にひと工夫加えたことで、どっちの景品にするかと悩んでいるお客さまに、鉢植えを選んでいただける回数が増えました。また、鉢植えを選ばれなくとも、フラワーロスを防ぐ取り組みに対して興味をもっていただける人が多くなったと思っています。

普段のアルバイトでも、接客時に商品をおすすめする機会があるのですが、実践学習のなかでもこの経験が生きたと感じたこと、そしてチューリップの鉢植えを持ち帰ってもらうという結果につなげられたことが本当にうれしかったです。

約二週間のイベントで、店頭に立った時間は約二三時間、学内では武庫川女子大学生の福利厚生の向上・学生の健康増進を目的として活動する「厚生委員会」という委員会活動もしているなか、連続でシフトに入るケースが多かったので疲れましたが、お客さまとの会話が楽しく、元気づけられました。

ボードに貼り付けられたメッセージですが、店頭に行くたびに少しずつ増えていき、最後には、いっぱいのメッセージでボードが埋まりました。

メッセージボードには、「いつも一緒にいてくれてありがとう」、「勉強を頑張りたい」、「世界が平和で幸せになりますように」などの言葉が貼られていました。誰かへの感謝の気持ちや春からの抱負だけでなく、世界の幸せを願う言葉があり、メッセージを読んでいる私も幸せになりました。

プロジェクトに参加したメンバーも、「本当にボード

イベント最終日に撮影したボード。日を追うごとにメッセージでいっぱいに

が埋まるのかと不安に思ったけれど、徐々に埋まっていき、いっぱいになっていく様子を見て、本当に大きな満足感と達成感を得ることができて、とてもよい思い出になった」と話していました。さらに、メンバーの一人が体験したことですが、メッセージボードのことで印象に残っている出来事があります。

イベントに参加してメッセージを書いてもらう際、「もうすぐ亡くなる母に向けて書きました」と涙ながらに言うお客さまがいらっしゃったようです。イベントを楽しんでもらうことも一つの目的ですが、イベントを通して、お客さまの人生におけるさまざまな場面に立ち会えることもできるのだと学びました。直接対峙することの本当の意味が分かった、と感じた次第です。

自分が輝いていた瞬間

プロジェクトのなかで自分自身が一番輝いていたなと、感じたことがありました。やはり、イベント期間中のことです。

冒頭で少し触れましたが、私がこのプロジェクトに参加したのは、「自分の力で商品企画をしたい」という思いがあったからです。結局、企画したのは商品ではなくイベントですが、それでも一年ほどかけて企画したものが形になり、イベント会場を目にしたときは本当にうれしくて感動しました。

このイベントでスタッフとして店頭に立ったことで、前述したように、「私って、結構人と話すことが好きみたい」と気付きました。話すことでお客さまが笑顔になってくださったり、反対にお客さまから温かいお言葉をいただいたりなど、すごく楽しくて、幸せだと感じました。プロジェクトを終えるまでは、過去の出来事やミーティングの件もあって、自分は人とかかわるのは向いていないと思い込んでいたのですが、人とかかわっているときの自分が一番輝いていて、「好きだなー」と気付かせてくれました。

このように、私にとっては最高の実践学習になったわけですが、そこから得られた「学び」について改めて考えてみたいと思ったため、実践先のスタッフから感想を聞いてみることにしました。お世話になった日比谷花壇のマネージャーである櫻井さんに連絡して、プロジェクトの裏側や私たちへの印象について尋ねてみましたので、それを紹介します。

今井　なぜ、武庫川女子大学経営学部と実践学習を行ったのでしょうか？

櫻井　今、若い世代の花の消費が少ないと言われているんですね。お花をビジネスとして扱っているものの、そもそも花に親しむきっかけをつくらなければ花の消費にもつながっていかないと考えています。また、小さいころにお花に親しむ機会が多かった人は、大人になったときにお花を購入するというデータがあります。

「お花を買ってください！」と言うよりも、まずは花に興味を示してもらうことが必要だと思って、学生をターゲットにして、日本に花文化を普及していきたいと思っていました。それで、武庫川女子大学の実践学習に参画したのです。

今井　プロジェクトのテーマは「若者への花文化の普及」で、花離れが課題となっていましたが、どうして花離れがあるといけないのでしょうか？

櫻井　ビジネスとして考えてみると、すべての世代がお花に関心をもち、消費につながるという状態がいいわけです。僕は、お花は「日常」、「暮らし」を豊かにしてくれるものだと思っていますので、消費が多い四〇代以降の世代だけじゃなくて、若い世代にも興味をもって欲しいと思っています。

企業としても売上などの創出につながるのですが、もう一つ、小さいころの夢に「お花屋さん」とか「ケーキ屋さん」とかがあったじゃないですか、それが中高生くらいになると「お花屋さん」っていう答えがなくなるんです。これは、職業に対する魅力やお花に対する関心が薄まっているからだと思っています。若者がお花にかかわらないという状況は「課題」だと感じていますので、やっぱりお花に対する興味はずっともっていて欲しいなと思っています。

今井　今回のプロジェクトで、日比谷花壇さんに起こった変化などはありますか？

櫻井　いいことしかなかったと思っています。長期間、このようなボリュームで女子大生と一緒に取り組むというのは、兵庫県・関西圏ではおそらく初めてです。それが理由で、「お花に関心をもつ世代をもっともっと広げていきたい」という認識が社内にも広がりました。

今井　今回のようなプロジェクトは初めてだったんですね。武庫川女子大学の経営学部はできてから年数しか経っていなくて、あまり実績がありません。ほかの大学と取り組んでこられたからこそ、今回受けていただけたのかと思っていましたので、それは驚きです。

櫻井　実は、学部長や時任さん、西口先生とお話ししているなかで、「ぜひ、前期と後期のプロジェクトでやったほうがいいでしょう」と言われて、「じゃあ、やりましょうか」って決まったんです。本当のところ、すごい手探りでした。進め方も分かっていなかったし、最後のアウトプット（イベント）も、最初から決まっていたわけじゃありません。ゴールイメージは走りながら考えていたという感じで、試行錯誤でしたが、柔軟にプロジェクトを進めることができたと思っています。

　もう一つ、よかったことがあります。関西の日比谷花壇には、「フラワーショップ部門」や「法人部門」、「商業施設の装飾」などといった多くの部門がありますが、どのようなアウトプットになるか分からなかったので、それぞれの部門のスタッフを絡めていたんです。社内において、ほかの事業部門との連携が増えたことがよかったと思っています。

今井　一番印象に残っている出来事はどういうことでしょうか？

櫻井　一つ思うのは、「学生さんの真剣さや取り組み姿勢が向上していく」様子が分かることでした。コロナ禍だったので、距離の関係もあると思いますが、前期最初のプレゼンから後期の最終提案までを比べると、本当に成長されているなと感じました。実は、僕も経営学部の出身なのですが、学生のころに参加してみたかったと、羨ましく思いましたね。

学生さんとお話ししていても、「私、高校時代にリーダーやっていました」みたいな人がいたように思います。僕とかに、比較的フランクに話しかけてくれたりもしました。

僕は社内でマネージャーなので、立場上、遠慮されることも多いのですが、学生さんと僕らの間だから壁はいらないと思っていました。一見、意見を言わなさそうな人でも、実は話しかけてみると自分の意見をもっていたり、リーダーシップがあったりと、芯がしっかりしている学生さんが多かったです。社会人に対しても気後れすることなく話しかけてくれる人が多かったですね。

今井　今回のプロジェクトのなかで、学生にとって役立つ内容は何でしょうか？

櫻井　今回は「花」という切り口で課題解決を若者の視点で考えてもらいましたが、課題解決のプロセスは同じだと思っています。体験されたプロセスでの思考は、今後、必ず役に立つのではないかと思っています。

二〇二一年に行った実践学習のあと、久しぶりにお会いしましたが、櫻井さんの穏やかな雰囲気や口調はお変わりなく、楽しいインタビューとなりました。若者の「花離れ」という課題を解決することは、花文化を普及することにも、花の消費を増やすことにもつながるとお聞きして、自分の取り組んできたプロジェクトが非常に意味のあるものであったと改めて感じました。

インタビューのなかで、お花を愛する気持ちと「お花に興味をもつ世代を増やしたい」というビジョンを語っていらっしゃいましたが、そのような思いをもって日々の仕事に取り組まれている櫻井さん、本当にすごい人だと思いました。

卒業後、私も社会人として働くことになります。自分の扱う商品を愛する気持ちとビジョンをもって、常に周囲のことを考えながら動ける社会人になりたいと改めて思いましたし、「それができる」と確信しました。なぜなら、「私って、結構人と話すことが好き」だからです。

実践学習での学びとは

櫻井さんの意見を聞いたあと、改めて日比谷花壇とのプロジェクトに参加して得た学びを考えてみました。二つあります。

一つ目は、神戸阪急百貨店をはじめとした大規模な施設がイベントを開催するためには、さまざまな準備をしたうえで、十分に練られた企画でなければならないということです。前期の間、私たちなりに考えて何度も修正し、実現可能性の高い企画を提案したつもりでした。

しかし、後期になって、実際に神戸阪急で開催することが決定してから分かったことは、私たちの考えているようなことは一〇〇パーセント実施できるわけではなく、日比谷花壇や神戸阪急の人に考え直してもらうことで実現できたわけです。企画から運営までという一連の流れを体験させていただいたからこそ、大規模な施設でイベントを開催するまでの難しさが学べました。

二つ目としては、多くの人や組織が協力し合うからこそ物事が成立しているということを痛感しました。

今回のプロジェクトへの参加により、企画を立てるにおいても、一人だけの考えでは面白いものができないし、（協力していただいている立場ですが）武庫川女子大学経営学部と日比谷花壇、神戸阪急という三つの組織がなければ今回のプロジェクトは成功できなかったと思っています。産学連携をはじめとして、人や組織が協力して一つのイベントに取り組むことの重要性を学びました。

プロジェクトを進めるなかで辛いと感じることもありましたが、改めて自分の良さや弱さに気付くことができました。新しく挑戦することでスキルを身につけられたり、学びになったりすることも実践学習の魅力なのですが、活動をするなかで自分の足りないところに気付かせてくれるという点が実践学習のおける最大の魅力だと思います。

今回のプロジェクトにおいては、「自分の悪いところばかり見つけ、勝手に落ち込む癖がある」と気付いたことが一番大きかったです。だからこそ、次がある。自分のよいところもしっかりと見つけなければいけないと思いましたし、自分の長所や力を生かせるシーンはないかと考えて動く必要があると感じました。

現在の私は、実践学習や委員会活動などの経験をしたことで少しずつ自信を取り戻すことができ、「別に弱さがあってもいいかな。自分にもいいところはあるし！」と思えるようになっています。とはいえ、過去の経験が消えるわけではありません。辛さを感じることや落ち込むこともあります。それでも前に進もうと思えるようになったことはよい変化であったと思います。

学内での多くの経験があって、今の自分があります。個人的なことかもしれませんが、さまざまな経験をすることが大事だと分かりました。ネガティブな性格と向き合わせてくれた実践学習、指導してくださった西口先生、最後まで私たち学生の意見に耳を傾けてくださった日比谷花壇や、イベント実施のために多くの準備をしてくださった神戸阪急百貨店のみなさんに深く感謝しています。そして、今後も興味のあるプロジェクトに参加したいと思っています。

あとがき

（武庫川女子大学経営学部教授　本田一成）

武庫川女子大学経営学部を象徴する授業である実践学習について、福井誠学部長、西道実学科長と語り合っていて、それをどのようにつくり上げているか、学生はどのように参加して学んでいるのか、などを追跡した本を制作する実践学習を思いつきました。

これまで多くの本を出版してきた習性から、必ず本にできると直感して、「教員ではなく、学生や学部スタッフが書く」というアイデアに至りました。実践先は株式会社新評論となりました。狙いどおりに仕上げてくださった同社の武市一幸さんに感謝いたします。

経営学部が開設された二〇二〇年四月に入学した学生は二五八人でした。四年間という時を経て、二〇二四年三月にいよいよ卒業生が誕生します。本書は、これから社会人として送り出していく学生たちへの「お祝い」でもあります。

卒業生代表のようにも見える執筆者は、単なる代表であり、輝かしい代表です。「単なる代表」という意味は、その背後に下級生を含めた学生全員がいるということです。執筆者は、ほかの学生たちだったかもしれないのです。
また、「輝かしい代表」と表現したのは、学生たちが就職活動の忙しい時期にこのような大それた実践学習に参加し、指導に耐え、よくぞ実行したということです。本を書いたことのない研究者がたくさんいるという現状を鑑みると、大学生がよく書けたと思っています。

実践学習の開始直後から、やる気満々の頼もしい学生たちを集め、対面やＷＥＢで、原稿の執筆や写真の選び方などについてたくさんの話をしました。また、武市さんにもミーティングに参加していただき、本を書く際の心構えから編集に至るまでの話をしてもらったり、執筆期間中には、懇切丁寧なやり取りをしながら指導してもらいました。

また、この機会に実践学習センターの舞台裏を覗くことができました。よく「鉄の大きな塊が空を飛ぶものだ」と航空機を表現することがありますが、大がかりな実践学習を飛ばしている経営学部のスタッフには驚くばかりです。本書のサブタイトルである「武庫川女子大学経営学部、テイクオフ！」は、現場責任者の時任啓佑さんの手による第１部第１章のタイトルを拝借したものです。

一教員としても、担当したいくつかの実践学習のなかで大きな手応えを感じてきました。決して、フィールド系授業を初めて体験した者の感覚ではありません。これまでの勤務先を含め、フィールド系の専門科目を長らく担当し、学生に調査票を設計させて、ともに実査したり、報告書の作成を指導してきました。そうした豊富な経験をもってしても、経営学部の実践学習には新鮮でユニークな点があると思っています。

その一つは、あまり予定調和的ではない学習機会であるという点です。学生と実践先、学生と学生、学生と教員などが初めて出会い、やがて去っていきます。クラスや学年が異なる学生が混在したり、実践先の人たちもさまざまですから、この期間の人間同士の化学反応にはすごいものがあります。また、大げさに言えば、学生全員と出会えるチャンスでもあり、学生たちの取り組み方には「てんでんこ」（めいめいに、それぞれに、を表す東北地方の方言）な趣もあって、大好きです。要するに、臨場感が高くて絶品なのです。

「絶品」で思い出したのは、生まれ育った愛知にある、地元の人たちがこよなく愛する天ぷら店のことです。家族経営の小さな店で、メニューは「天ぷらコース」のみですが、いつも満席で行列が絶えません。木製の看板には、「未完成の味」という謙虚な言葉が添えられています。

子どものころからこの店の天ぷらを食べてきましたが、社会人になって、店主が伝えようとした意味をかみしめられるようになりました。

実践学習は、次々に更新されるという意味でまさに「未完成」です。小さな変更は多々ありましたが、二〇二三年度に実践学習はやや大きく仕組みを変え、リニューアルしました。それらのすべてを追えているわけではありませんが、方向性は示されているので、直近の変化の内容は理解してもらえると思います。

武庫川女子大学経営学部の歴史ははじまったばかりです。さあこれから、どうしましょうか？　実に、心楽しき仕事です。学生と学部スタッフと教員が仲間になれる、みんなが大切にしている実践学習を手がかりに、入試募集、教学、学生生活、就職、ＯＧ組織など、トータルに考えていきたいと思っています。

	受け入れ主体	プロジェクト名	活動期間	実践形態
12	一般社団法人農サイド	農家が企画する「ウェルアベニューマルシェ」Instagram情報発信作戦！	2023年10月～2024年1月	インターンシップ・フィールドワーク
13	デザイン・クリエイティブセンター神戸	神戸KIITOにて、廃材を使ってこどもの創造性を育むプログラムを開発せよ！	2023年12月～2024年3月	インターンシップ・フィールドワーク・サービスラーニング
14	日本マクドナルド株式会社	武庫川女子大学×日本マクドナルド「青いマックの日・チャリティ企画」	10月～12月	インターンシップ・フィールドワーク・サービスラーニング
15	六甲山観光株式会社	六甲ミーツ・アート芸術散歩2023フィールドワーク	2023年10月～2024年1月	インターンシップ・フィールドワーク
16	株式会社うちゅう	教育とエンタメの融合！関西うちゅう教室インターン　一緒に創造性と成長を育むチームに参加しませんか？	2023年10月～2024年1月	インターンシップ・フィールドワーク・サービスラーニング
17	NPO法人なごみ	小さなまちのキャンドルナイト　～みんなの想いをつなげよう～	2023年10月～12月	インターンシップ・フィールドワーク・サービスラーニング

	受け入れ主体	プロジェクト名	活動期間	実践形態
4	ハルカス大学［ワークアカデミー運営］	あべのハルカス（近鉄百貨店）でSNS広報活動！「バレンタイン ショコラコレクション」や台湾の人気セレクトショップを発信し、広告効果を検証しよう！	2023年11月～2024年2月	インターンシップ・フィールドワーク
5	ハルカス大学［ワークアカデミー運営］	愛犬を洗う！セルフ式ドッグスパ「K・DogSpa」の利用者増に向けて販売促進案を考えよう！	2023年11月～2024年1月	インターンシップ・フィールドワーク
6	武庫川女子大学資格サポート窓口	オンラインイベントの企画＆広報・運営を体験！資格サポート窓口を利用していた卒業生にキャリアインタビューしよう	2023年10月～2024年1月	インターンシップ・フィールドワーク
7	公益社団法人兵庫工業会	製造業の働き方・魅力を伝える！女子大学生向けマッチングイベント企画運営インターン	2023年10月～2024年2月	インターンシップ・フィールドワーク
8	西宮市 産業文化局生涯学習部地域学習推進課	まちと人、人と人をつなげよう！「公民館地域学習推進員会」でイベントを企画・運営しよう！	2023年10月～2024年1月	インターンシップ・フィールドワーク・サービスラーニング
9	株式会社音羽	四季を味わう割烹音羽鮨の「お料理弁当」開発プロジェクト	2023年10月～2024年2月	インターンシップ・フィールドワーク
10	株式会社イノベーション・アクセル	女性起業家・経営者と共に取り組む！「事業創造・事業企画」プロジェクト	2023年11月～2024年2月	インターンシップ・フィールドワーク
11	旧居留地はいからプロジェクト（旧居留地連絡協議会）	【イベント実践／調査】神戸旧居留地プロムナードコンサートの運営と改善提案	2023年10～12月	インターンシップ・フィールドワーク

	受け入れ主体	プロジェクト名	活動期間	実践形態
15	慶應義塾大学横田自主ゼミ	大学生が運営する、中高生対象『SDGs動画コンテスト（#SASS2023)』の企画・運営	2023年８月～2024年３月末	インターンシップ・フィールドワーク・サービスラーニング
16	オーエス株式会社	映画館を街の賑わいや文化を発信する情報発信基地化プロジェクト	2023年８月～10月	インターンシップ・フィールドワーク
17	かわにし音灯り実行委員会	市民で作る音と灯りと食の屋外イベント「かわにし音灯り2023をつくる」	2023年８月～11月	インターンシップ・フィールドワーク・サービスラーニング
18	株式会社W	０－１を生み出す会社！W Inc.のインターン募集(①コワーキングスペースの運営＆広報②水道筋商店街のイベントを盛り上げる広報)	2023年８月～９月	インターンシップ・フィールドワーク

2023年度　実践学習　プロジェクト一覧【秋期】

	受け入れ主体	プロジェクト名	活動期間	実践形態
1	株式会社ビジネスコンサルタント	自己肯定感を高めるプログラムを体験し、その学びを人の役に立てるプロジェクト	2023年11月～2024年２月	インターンシップ・フィールドワーク・サービスラーニング
2	株式会社関西都市居住サービス	商業施設「アクタ西宮」をZ世代にアピールするイベントを考えてみよう	2023年10月～12月	インターンシップ・フィールドワーク
3	株式会社ワークアカデミー	オフィスワーク＆リモートワークで事務職を体験！ 顧客データを分析して、分析結果を発表しよう	2023年11月～2024年２月	インターンシップ・フィールドワーク

	受け入れ主体	プロジェクト名	活動期間	実践形態
7	ハルカス大学［ワークアカデミー運営］	子どもに教えていっしょに楽しむ！あべのハルカスでキッズプログラミング講座を運営しよう！	2023年8月～9月	インターンシップ・フィールドワーク・サービスラーニング
8	株式会社ワークアカデミー	大阪経済大学と合同で活動！淡路島の洲本市で、マスキングテープを使ったリメイク活動で地域に貢献！	2023年8月～9月	インターンシップ・フィールドワーク・サービスラーニング
9	大阪コロナホテル［ワークアカデミーグループ］	ビジネスホテル「大阪コロナホテル」内コワーキングスペースの活性化アイデアを学生視点で提案しよう！～1日ホテル業務体験を通じて～	2023年8月～9月	インターンシップ・フィールドワーク
10	ハルカス大学［ワークアカデミー運営］	あべのハルカス（近鉄百貨店）でSNS広報活動！「アイスクリーム博覧会」や催事などについて投稿し、広告効果について検証しよう！	2023年8月～9月	インターンシップ・フィールドワーク
11	The DECK株式会社	コワーキングスペース＆メイカースペースThe DECKの運営をしてみよう！	2023年8月～9月	インターンシップ・フィールドワーク
12	尼崎市役所（自主研修グループ夜カツ）	公務員と語る、公務員を語るスピンオフin武庫川女子大学	2023年8月～12月	インターンシップ・フィールドワーク・サービスラーニング
13	日本マクドナルド株式会社	武庫川女子大学×日本マクドナルド共同プロジェクト③「DMHアンバサダープロジェクト②」	2023年8月～9月	インターンシップ・フィールドワーク・サービスラーニング
14	香川県琴平町役場	武庫川女子大学×琴平町琴平町観光造成プロジェクト②	2023年8月～9月	インターンシップ・フィールドワーク・サービスラーニング

	受け入れ主体	プロジェクト名	活動期間	実践形態
22	ハニー珈琲株式会社	コーヒーエキス文化を広めるプロジェクト～メニュー開発とプロモーション～	2023年5月～7月末	インターンシップ・フィールドワーク

＊募集時の情報による。

2023年度　実践学習　プロジェクト一覧【夏期】

	受け入れ主体	プロジェクト名	活動期間	実践形態
1	株式会社関西都市居住サービス	アミング潮江（JR尼崎周辺）調査＆エリアマーケティングをやってみよう！	2023年8月～9月	インターンシップ・フィールドワーク
2	PEPELABO合同会社	WEBマーケティング活用で女性事業者増加を目指す！回数券アプリMATAKULのアクセラレーションプログラム	2023年9月～11月	インターンシップ・フィールドワーク・サービスラーニング
3	六甲山観光株式会社	六甲ミーツ・アート芸術散歩2023 beyond「設営・運営・情報発信サポート」	2023年8月～11月	インターンシップ・フィールドワーク・サービスラーニング
4	暮らしの目からウロコ	環境問題・社会問題をテーマとしたイベント企画運営、SNS運用	2023年9月～12月	インターンシップ・フィールドワーク・サービスラーニング
5	SOT COFFEE ROASTER ソットコーヒーロースター	Z世代が考えるコーヒーペアリングスイーツ！自家焙煎スペシャルティコーヒーショップでの商品開発プロジェクト	2023年8月～10月	インターンシップ・フィールドワーク
6	資格とキャリアのスクールnoa（ノア）［ワークアカデミー運営］	ITビジネススクール「資格とキャリアのスクールnoa」でPhotoshopソフトの学習＆SNS用画像を作成・投稿しよう！	2023年8月～9月	インターンシップ・フィールドワーク

	受け入れ主体	プロジェクト名	活動期間	実践形態
14	一般社団法人未来教育推進機構	社会で活躍する働く女性に出会える！SOMPOひまわり生命とコラボ！FPが登壇するキャリアイベントを広報・運営しよう	2023年5月～7月	インターンシップ・フィールドワーク
15	株式会社ワークアカデミー	話題の新キャンパス「西宮北口キャンパス内MUKOnoa+」でお役立ちMAPづくり＆ミニOPENキャンパス運営しよう！	2023年5月～7月	インターンシップ・フィールドワーク
16	慶應義塾大学横田自主ゼミ	大学生が運営する、中高生対象『SDGs動画コンテスト』の企画・運営	2023年6月～2024年3月	インターンシップ・フィールドワーク・サービスラーニング
17	株式会社うちゅう	関西うちゅう教室（梅田校）運営補佐インターン（スタンダード コース）	2023年7月～9月	インターンシップ・フィールドワーク・サービスラーニング
18	エイチ・ツー・オー リテイリング株式会社	「フードロスゼロチャレンジ2023」アイデアコンテストの参加者募集、表彰式の企画・運営	2023年6月～10月	インターンシップ・フィールドワーク・サービスラーニング
19	西宮市文化振興課	西宮市貝類館Instagram活用実践プロジェクト！～新設アカウントの情報発信の仕組みづくり～	2023年6月～10月	インターンシップ・フィールドワーク・サービスラーニング
20	学研西宮北口教室（株式会社宇宙叶Q）	学研西宮市北口教室プロモーション動画作成プロジェクト	2023年6月～8月	インターンシップ・フィールドワーク
21	旧居留地はいからプロジェクト（旧居留地連絡協議会）	神戸旧居留地“おしゃマニ”広報室（地域の魅力発信事業）	2023年5月～8月	インターンシップ・フィールドワーク

	受け入れ主体	プロジェクト名	活動期間	実践形態
6	医療法人社団伊藤歯科クリニック	武庫女生が歯並びの悩みを気軽に相談できる歯科医院にしたい	2023年5月～7月	インターンシップ・フィールドワーク
7	特定非営利活動法人西宮てらこや	地域のこどものための楽しく学べるイベント企画・運営	2023年5月～9月	インターンシップ・フィールドワーク・サービスラーニング
8	弁護士松田昌明(六甲法律事務所)	弁護士と学ぶ社会問題と論理的思考！	2023年5月～8月	インターンシップ・フィールドワーク・サービスラーニング
9	兵庫県×一般社団法人ひょうご大学生支援機構(HUSSO)	兵庫県と取り組む若者への「エシカル消費の行動例」啓発ツール提案プロジェクト	2023年6月～8月	インターンシップ・フィールドワーク・サービスラーニング
10	株式会社山星屋	Z世代目線で考える「お菓子」に関するメディアコンテンツ企画&マーケティング調査	2023年5月～8月	インターンシップ・フィールドワーク
11	PIPELINE株式会社	Instagram&TikTokを通じて、北野の街に集客しよう！	2023年5月～6月	インターンシップ・フィールドワーク
12	NPO法人なごみ(まちcafeなごみ)	住民が多世代で楽しめる「鳴尾東ふぁみり～マルシェ」の企画・運営プロジェクト	2023年5月～9月	インターンシップ・フィールドワーク・サービスラーニング
13	一般社団法人社会的健康戦略研究所	他大学合同・ホワイト企業訪問研究プロジェクト(大阪万博向け大学生からの健康経営の国際発信)	2023年6月～12月	インターンシップ・フィールドワーク

311　実践学習　プロジェクト一覧

	受け入れ主体	プロジェクト名	活動期間	実践形態
16	ASTRUSIA 株式会社	小学生の国際人材育成SAKU 塾の立ち上げ（自主企画）	2023年２月～４月末	インターンシップ・サービスラーニング
17	甲子園一番町まちづくり協議会	「ほんわか商店街」活性化プロジェクト（自主企画）	2022年２月初旬～３月下旬の２か月間を想定	インターンシップ・サービスラーニング・フィールドワーク

＊募集時の情報による。

2023年度　実践学習　プロジェクト一覧【春期】

	受け入れ主体	プロジェクト名	活動期間	実践形態
1	6th 株式会社	「であい市門戸厄神」に参加し、地域イベントの表と裏、地域の人のつながりを知る	2023年４月～12月	インターンシップ・フィールドワーク・サービスラーニング
2	芦屋市	あしやふるさと寄附の返礼品をブラッシュアップ！「ふるさと納税リサーチ AND 提案プロジェクト」	2023年５月～８月	インターンシップ・フィールドワーク・サービスラーニング
3	株式会社ライフイノベーション	もっと大学生に愛される店舗に！「Lavy's Café Project」	2023年５月～７月	インターンシップ・フィールドワーク・サービスラーニング
4	プログラボ教育事業運営委員会・株式会社ミマモルメ	子ども向けロボットプログラミング教室「ProgLab」授業サポート実践インターン	2023年５月～９月（教室により変動あり）	インターンシップ・フィールドワーク
5	株式会社桃谷順天館	商品開発プロセスを体験！お客様目線を学び、新しい商品やサービスを生み出そう！	2023年５月～８月	インターンシップ・フィールドワーク

	受け入れ主体	プロジェクト名	活動期間	実践形態
8	ハルカス大学［ワークアカデミー運営］	【2022冬】もずやん（大阪府広報担当副知事）も来る！ 2025年の大阪・関西万博に向けて、ハルカスで広報活動をしよう！	2023年３月	インターンシップ・サービスラーニング・フィールドワーク
9	大阪コロナホテル［ワークアカデミーグループ］	【2022冬】ビジネスホテル「大阪コロナホテル」内のコワーキングスペースの販売促進案を学生視点で考案しよう！ ～新大阪でホテルマン業務体験～	2023年２月～３月	インターンシップ・サービスラーニング・フィールドワーク
10	日本マクドナルド株式会社	武庫川女子大学×日本マクドナルド共同プロジェクト②「DMHアンバサダープロジェクト	2023年２月～３月	インターンシップ・サービスラーニング・フィールドワーク
11	株式会社パソナ	武庫川女子大学×パソナ「淡路島地方創生人材育成プロジェクト④」地方創生と協働による持続可能な地域経営	2023年２月～３月	インターンシップ・サービスラーニング・フィールドワーク
12	三重県多気町役場	武庫川女子大学×多気町「多気町観光造成プロジェクト②」	2023年２月～３月	インターンシップ・サービスラーニング・フィールドワーク
13	株式会社 With The World	With The World（自主企画）	2023年２月初旬～３月下旬	インターンシップ・サービスラーニング
14	（株）アベ経営・ハーバー税理士法人	安部会計事務所（自主企画）	2023年２月上旬～３月下旬	インターンシップ
15	アサヒ飲料クラブ	アサヒ飲料クラブチャレンジャーズ（自主企画）	2023年２月上旬～３月下旬	インターンシップ・サービスラーニング

2022年度　実践学習　プロジェクト一覧【冬期】

	受け入れ主体	プロジェクト名	活動期間	実践形態
1	The DECK株式会社	アップサイクル製品を作って販売！端材で作るアクセサリーとインテリア小物	2023年２月～3月	インターンシップ・フィールドワーク
2	尼崎市消防局	尼崎市消防団PR大作戦！～z世代に向けて～	2023年２月～３月末	インターンシップ・フィールドワーク・サービスラーニング
3	大阪府（府民文化部 都市魅力創造局 魅力づくり推進課 魅力推進・ミュージアムグループ）	女子大生による大阪･兵庫観光スポットの魅力発信	2023年２月～３月末	インターンシップ・フィールドワーク・サービスラーニング
4	NPO法人なごみ	地域交流カフェと福祉センターを活かした多世代交流イベントの企画	2023年２月～４月	インターンシップ・フィールドワーク・サービスラーニング
5	森口製粉製麺株式会社	乾麺の老舗がつくった新店にまちの外から人を呼べ！テイクアウトメニュー開発プロジェクト	2023年２月～３月末	インターンシップ・フィールドワーク・サービスラーニング
6	PEPELABO合同会社	LINEマーケティングを活用して女性事業者増加を目指す！回数券アプリMATAKULのアクセラレーションプログラム	2023年２月～４月末	インターンシップ・サービスラーニング・フィールドワーク
7	株式会社ワークアカデミー	【2022冬】企業内でリアルなオフィスワーク（事務職）を体験しよう！入社１年目で行う事務業務とは？	2023年２月～３月末	インターンシップ・サービスラーニング・フィールドワーク

編者紹介

武庫川女子大学経営学部

1949年に公江喜市郎が開学した武庫川学院女子大学（現・武庫川女子大学）は、「高い知性」「善美な情操」「高雅な徳性」を備えた有為な女性の育成を続けてきた。現在12学部20学科の日本最大規模の女子総合大学であり、2020年4月に、当時の女子大学では日本で唯一の経営学部（校舎の公江記念館は「日本建築学会作品選集2023」に採録）を開設した。産学連携で学生の自主的な学習能力を伸ばす「実践学習」は、経営学部を象徴する斬新な必修科目であり、学生全員が熱心に取り組む姿は、受験生や企業、教育関係者など大学内外から注目を集めている。

〒663-8558
兵庫県西宮市池間町6-46
TEL：0798-47-1212（代表）

258人の学生とはじめた授業

——武庫川女子大学経営学部、テイクオフ！——

2024年2月29日　初版第1刷発行

著者　武庫川女子大学経営学部 編

発行者　武市一幸

発行所　株式会社 新評論

〒169-0051
東京都新宿区西早稲田3-16-28
http://www.shinhyoron.co.jp

電話　03(3202)7391
FAX　03(3202)5832
振替・00160-1-113487

落丁・乱丁はお取り替えします。
定価はカバーに表示してあります。

印刷　フォレスト
製本　中永製本所
装丁　山田英春

Printed in Japan
ISBN978-4-7948-1259-9